Praxis Sprache 10

Arbeitsbuch für
das gemeinsame
Lernen

Herausgegeben von	Wolfgang Menzel
Erarbeitet von	Jördis Coldewey
	Dörte Glismann
	Christina Kuß-Götze
	Wolfgang Menzel
	Christiane Röhrich
Illustriert von	Konrad Eyferth

westermann

Fördert individuell – passt zum Schulbuch

Optimal für den Einsatz im Unterricht mit
Praxis Sprache: Stärken erkennen, Defizite ausgleichen.
Online-Lernstandsdiagnose und Auswertung auf Basis
der aktuellen Bildungsstandards.
Individuell zusammengestellte Fördermaterialien.

www.westermann.de/diagnose

© 2016 Bildungshaus Schulbuchverlage
Westermann Schroedel Diesterweg Schöningh Winklers GmbH, Braunschweig
www.westermann.de

Das Werk und seine Teile sind urheberrechtlich geschützt. Jede Nutzung in anderen als den gesetzlich zugelassenen Fällen bedarf der vorherigen schriftlichen Einwilligung des Verlages. Hinweis zu § 52a UrhG: Weder das Werk noch seine Teile dürfen ohne eine solche Einwilligung gescannt und in ein Netzwerk eingestellt werden. Das gilt auch für Intranets von Schulen und sonstigen Bildungseinrichtungen.
Auf verschiedenen Seiten dieses Buches befinden sich Verweise (Links) auf Internet-Adressen. Haftungshinweis: Trotz sorgfältiger inhaltlicher Kontrolle wird die Haftung für die Inhalte der externen Seiten ausgeschlossen. Für den Inhalt dieser externen Seiten sind ausschließlich deren Betreiber verantwortlich. Sollten Sie bei dem angegebenen Inhalt des Anbieters dieser Seite auf kostenpflichtige, illegale oder anstößige Inhalte treffen, so bedauern wir dies ausdrücklich und bitten Sie, uns umgehend per E-Mail davon in Kenntnis zu setzen, damit beim Nachdruck der Verweis gelöscht wird.

Druck A[1] / Jahr 2016
Alle Drucke der Serie A sind im Unterricht parallel verwendbar.

Redaktion: Katharina Kreutzmann, Julia Kaschenreuther, Regina Nußbaum
Layout und Satz: Druckreif! Sandra Grünberg, Braunschweig
Umschlaggestaltung: Janssen Kahlert Design & Kommunikation GmbH
Druck und Bindung: westermann druck GmbH, Braunschweig

ISBN 978-3-14-**120801**-6

Inhalt

Sprechen und Zuhören
- 5 Eine Debatte inhaltlich und rhetorisch erschließen
- 10 Redestrategien und rhetorische Mittel ergänzen
- 12 Ein Literaturreferat erarbeiten und halten
  Gotthold Ephraim Lessing: „Nathan der Weise"

Sachtexte und Medien
- 24 Locker kommentiert: Eine Kolumne erarbeiten
  Petra Herterich: Chaos ist Ordnung
- 28 Mit spitzer Feder kommentiert: Karikaturen deuten
- 30 Sich über Soft Skills und Schlüsselqualifikationen informieren
- 33 Eigene Stärken und Schwächen reflektieren
- 37 Einen Klassenwiki-Artikel lesen und verstehen

Schreiben und Präsentieren
- 40 Eine Inhaltsangabe verbessern und vervollständigen
  Erwin Moser: „Der Kugelschreiber, die Füllfeder und das Taschenmesser"
- 44 Argumente aus einem Text herausarbeiten
- 47 Eine Argumentation erarbeiten
- 51 Die Charakterisierung einer literarischen Figur erarbeiten
  Max Frisch: „Andorra"

Literatur begegnen
- 53 Ein Gedicht erschließen
  Heinrich Heine: „Loreley"
- 56 Eine Parodie verstehen
- 58 Satiren verstehen
  Matthias Claudius: „Abendlied"
  Dieter Hildebrandt: „Der Mond ist aufgegangen"
- 60 Satiren selbst schreiben
  Michael Kumpe: „Kleine Erde"
  Johann Wolfgang von Goethe: „Ein gleiches"
  Rainer Malkowski: „Schöne seltene Weide"
  Paul Maar: „Sägen sägen"
- 62 Die Handlung eines Dramas erschließen – Figurenübersicht
  Max Frisch: „Andorra"
- 64 Eine Szene aus einem Drama erschließen
  Max Frisch: „Andorra"
- 68 Einen inneren Monolog schreiben
- 70 Sich mit Vorurteilen auseinandersetzen

Literatur begegnen

- **71** Parallelgedichte schreiben
  Annemarie Zornack: „auf dem fahrrad"
  André Jodeit – Schüler: „Mein wildester Traum"
- **75** Eine Parabel erschließen und deuten
  Bertolt Brecht: „Herr Keuner und die Flut"
- **78** Einen Text mit Hilfe von Leitfragen erschließen
  Rainer Wedler: „Der Freund"

Rechtschreibung und Zeichensetzung

- **83** Wörter mit **h**
- **85** Wörter mit **ss** und **ß**
- **86** Wörter mit **s**, **ss** und **ß**
- **87** Rechtschreiblesen
- **88** Groß- und Kleinschreibung 1
- **89** Groß- und Kleinschreibung 2
- **91** Getrennt- und Zusammenschreibung: Kleine Wörter
- **92** Getrennt- und Zusammenschreibung von Nomen und Verb
- **93** Getrennt- und Zusammenschreibung
- **94** Die Wörter das und dass
- **96** Die Zeichen der wörtlichen Rede
- **97** Das Komma zwischen Hauptsatz und Nebensatz
- **99** Das Komma in Infinitivsätzen
- **100** Satzzeichen einsetzen

Sprache und Sprachgebrauch

- **101** Wortarten
- **102** Zeitformen
- **103** Konjunktiv II
- **104** Aktiv – Passiv
- **105** Satzglieder umstellen – einen Text verbessern
- **106** Die Objekte
- **107** Die Stellung der Satzglieder

Arbeitstechniken

- **108** Fehler finden und korrigieren
- **112** Einen Text mit Hilfe von Lesestrategien erschließen
- **120** Wörtlich zitieren
  Mirjam Pressler: „Malka Mai"
- **123** Vorbereitung auf eine Prüfung

132 Quellen

→ # Eine Debatte inhaltlich und rhetorisch erschließen

In einer **Debatte** geht es um eine **Entscheidungsfrage**,
die man mit „Ja" oder „Nein" beantworten kann.
Verschiedene Pro- und Contra-Redner versuchen,
die Zuhörer von ihrem Standpunkt zu überzeugen.
Gleich liest du eine Debatte zum Thema:
„Sollten Smartphones in die Schule mitgenommen werden dürfen?"

1 Wie ist deine Einstellung zu diesem Thema vorab?

_____

_____

2 Lies nun die folgende Debatte.

Sophia: Hiermit eröffne ich die Debatte zu der Frage:
„**Sollten Smartphones in die Schule mitgenommen werden dürfen?**"

Emil: Danke für die Eröffnung, Sophia. Quasi alle Jugendlichen besitzen ein Smartphone, das sie immer bei sich tragen möchten. In der Schule ist geregelt, dass die Geräte während der Schulzeit ausgeschaltet sein müssen. Es gibt aber Situationen, in denen eine Lehrkraft ausdrücklich eine Benutzung erlaubt, z. B., wenn einzelne Personen oder Gruppen zu einem bestimmten Thema recherchieren sollen. Dann muss man nämlich nicht erst einen Computerraum aufsuchen, sondern kann sofort mit der Arbeit loslegen.
Ich bin zwar kein Pädagoge, aber meiner Erfahrung nach kann das sehr hilfreich sein.

Alma: Ihr werdet mir zustimmen, dass es zwischen Schulgesetzen und deren Durchführung öfter mal Differenzen gibt. Die Schülerinnen und Schüler wissen <u>theoretisch</u> alle, dass sie ihr Smartphone ausschalten müssen. Aber wer macht das wirklich? Die meisten haben ihr Gerät doch einsatzbereit in der Nähe und einige benutzen es auch während des Unterrichts. Dabei geht es doch meistens darum, mit anderen in Kontakt zu bleiben. Z. B. ist es nett zu hören, was gerade in der Parallelklasse so los ist. Und ein Treffen mit dem Freund am Nachmittag kann man auch schon einmal verabreden. Der Aufmerksamkeit für den Unterrichtsstoff dient das aber ganz bestimmt nicht.

Benno: Das geht ja überhaupt noch viel weiter! Ich habe schon erlebt, dass während des Unterrichts sogar ganz ungesetzliche Dinge liefen. Ich sage nur: Cybermobbing! Da wurden Schülerinnen und Schüler z. B. über WhatsApp auf total üble Art fertiggemacht. Einmal wurde gefilmt, wie ein Schüler sein Referat total verhauen hat. Das war dann mehrere Tage die Lachnummer im Jahrgang. Oft werden solche Vorfälle ja gar nicht bekannt. Bei uns kam das Ganze aber irgendwann raus. Unsere Lehrerin hat dann lange mit uns und unseren Eltern gesprochen. Es wurde auch ein Polizist eingeladen, der sich ausschließlich mit Mobbing an Schulen beschäftigt. Der hat uns auch erklärt, wie man sich durch Cybermobbing ganz schnell strafbar machen kann. Da haben sich einige ziemlich erschrocken.

Anton: Bilder oder Videos können aber im Allgemeinen auch gut für den Unterricht genutzt werden. Dabei ist es gleichgültig, ob sie für den Mathematik-, Deutsch-, Englisch- oder Biologieunterricht eingesetzt werden. Wir mussten z. B. mit dem Mikroskop in Bio arbeiten und dazu Referate halten. Mit unseren Smartphones konnten wir dann richtig informative Fotos machen und sie gleich in der Klasse vorführen. Aber was wollte ich eigentlich gerade sagen – ach ja: Besonders für größere Projekte können Smartphones in der Schule echt hilfreich sein. Während unserer Projektwoche im letzten Jahr haben wir Skulpturen geplant, hergestellt und auf einer Wiese vor der Schule aufgestellt. Das ganze Projekt haben wir mit unseren Smartphones gefilmt und dann am Tag der offenen Tür vorgestellt. Das ist bei den Zuschauern sehr gut angekommen und wir mussten keine Kameraausrüstung dafür ausleihen.

Karl: Wer Jugendliche verstehen möchte, kommt an den neuen Medien einfach nicht vorbei. Man kann durch sie oft in vielen Situationen unabhängiger handeln. Man ist mit Smartphones schnell im Internet, man verfügt mit Smartphones über Digitalkameras und Bildtelefone und man kann mit Smartphones Konferenzschaltungen vornehmen. In der letzten Woche haben wir in Gruppen mit unserer Partnerschule in England geskypt. So bleiben wir immer in Kontakt und verlieren uns wortwörtlich nicht aus den Augen.

Marla: Also ich muss ganz ehrlich sagen, dass mich an diesem ganzen Smartphone-Hype ein Punkt besonders stört. Oft sind Smartphones im Prinzip nur Statussymbole. Es muss immer ein brandneues Modell sein. Viele spielen demonstrativ auf dem Schulhof mit ihrem Gerät herum, damit auch alle ihre neueste Errungenschaft sehen. Außerdem schicken sich einige auch Textnachrichten, obwohl sie nur 10 Meter voneinander entfernt stehen. Selbst bei einer kurzen Frage stört man dann nur. Ich finde das total nervig.

Tom: Zeiten ändern sich halt. Unsere Großeltern haben stattdessen eben mit Schreibmaschinen geschrieben und mit Schnurgeräten telefoniert. Für uns ist das doch heute Technik wie aus der Steinzeit. Inzwischen werden mehrere Schulen mit Smartphones und Tablets ausgestattet. Will man diese Entwicklung etwa rückgängig machen? Alle Jugendlichen sind den Umgang mit den neuen Medien doch irgendwie gewohnt. Man muss allerdings lernen, diese Medien sorgsam und gewissenhaft zu benutzen. Wer im Alltag mit Copyright, Persönlichkeitsrechten und Datenschutz verantwortlich umgehen kann, wird das auch in der Schule beherzigen. Schulen sollten Smartphones nicht verbieten, sondern den vernünftigen Umgang damit zum Thema machen.

Sophia: Das war ein schönes Schlusswort von dir, Tom. Ich danke euch für eure Beiträge und beende damit die Debatte.

3 Welcher Beitrag hat dich besonders überzeugt?

_____

_____

4 Untersuche nun die Debatte genauer.
  a) Unterstreiche die Pro-Argumente grün und die Contra-Argumente rot.
  b) Wähle dann zwei Pro- und zwei Contra-Argumente aus und schreibe sie in die Tabelle.

Pro	Contra

5 Begründe, ob sich deine Einstellung aus Aufgabe 1 verändert hat, nachdem du die Debatte gelesen hast.

_____

_____

_____

6 Wenn man sich unterhält, benutzt man manchmal auch Verlegenheitsfloskeln. Schau dir dazu den Merkkasten an.

M **Verlegenheitsfloskeln**

Verlegenheitsfloskeln werden meist unbewusst verwendet. Oft überspielt man mit ihnen Unsicherheit. Manchmal füllt man damit aber auch eine Denkpause. Besser, man lässt sie weg.
Beispiel: Ich kann <u>überhaupt</u> nicht glauben, was du sagst.

---

7 Einige Verlegenheitsfloskeln sind in der Debatte schon unterstrichen.
Drei weitere sollst du aber noch finden und unterstreichen.
Lies dazu noch einmal die Beiträge von Emil, Anton und Tom.

8 Überzeugend wird eine Debatte durch den Einsatz von **rhetorischen Mitteln**.
Lies dir dazu den Merkkasten durch.

M **Rhetorische Mittel des Debattierens**

Geschickte Rednerinnen und Redner verwenden in einer Debatte verschiedene rhetorische Mittel, um ihr Publikum zu überzeugen, zum Beispiel:

Vergleich: Zwischen zwei unterschiedlichen Dingen gibt es eine Gemeinsamkeit. Vergleiche werden meistens durch das Wort **wie** eingeleitet. Beispiel: Ich habe Hunger wie ein Bär.

Danksagung: Der Debattierende beginnt oder beendet seinen Redebeitrag mit einer Danksagung.
Beispiel: Ich danke dir für deine interessante Darstellung.

Rhetorische Frage: Eine Frage, auf die keine Antwort erwartet wird.
Beispiel: Glaubt das hier wirklich jemand?

Vorausdeutungen: Der Debattierende gibt Vorausdeutungen für die Zukunft.
Beispiel: Wer heute einen Beruf erlernt, sitzt morgen nicht auf der Straße.

Eigene Abwertung: Die eigene Kompetenz wird heruntergespielt. Damit macht man deutlich, dass das Gesagte selbstverständlich ist. Beispiel: Ich bin zwar kein Arzt, aber …

Akkumulation: Thematisch zusammengehörende Begriffe werden aneinandergereiht.
Beispiel: Jeder Löwe, Affe, Eisbär, Elefant, überhaupt jedes Zootier sollte artgerecht untergebracht sein.

Wiederholung: Wichtige Begriffe werden wiederholt, um ihre Wirkung zu verstärken.
Beispiel: Wir brauchen <u>neue</u> Schulen, <u>neue</u> Kindergärten, <u>neue</u> Straßen und <u>neue</u> Wohnungen.

Zustimmung voraussetzen: Der Redner tut so, als ob das Publikum seiner Argumentation zustimmt.
Beispiel: Mit Sicherheit teilen Sie meine Meinung, dass …

9 Lies dir die folgenden Äußerungen aus der Debatte durch. In diesen Äußerungen kommt immer ein bestimmtes rhetorisches Mittel zum Einsatz.
- Finde das entsprechende Mittel mit Hilfe des Merkkastens. Lies dazu im Kasten auf Seite 8 unten nach.
- Notiere die richtige Bezeichnung des rhetorischen Mittels auf der dazugehörigen Zeile.

a) Danke für die Eröffnung, Sophia.

Rhetorisches Mittel: Danksagung

b) Ich bin zwar kein Pädagoge, aber …

Rhetorisches Mittel: E

c) Ihr werdet mir zustimmen, …

Rhetorisches Mittel: Z

d) …, ob sie für den Mathematik-, Deutsch-, Englisch- oder Biologieunterricht eingesetzt werden.

Rhetorisches Mittel: _____

e) Wer Jugendliche verstehen möchte, kommt an den neuen Medien einfach nicht vorbei.

Rhetorisches Mittel: _____

f) Man ist mit Smartphones schnell im Internet, man verfügt mit Smartphones über Digitalkameras und Bildtelefone und man kann mit Smartphones Konferenzschaltungen vornehmen.

Rhetorisches Mittel: _____

g) Für uns ist das doch heute Technik wie aus der Steinzeit.

Rhetorisches Mittel: _____

h) Will man diese Entwicklung etwa rückgängig machen?

Rhetorisches Mittel: _____

→ Redestrategien und rhetorische Mittel ergänzen

1 Die folgende Brandrede hat ein Schüler auf der SV-Versammlung gehalten.
Es geht um die Verschmutzung des Schulgeländes durch Hundekot.
Lies dir die Rede in der linken Spalte erst einmal in Ruhe durch.
Du wirst die Rede bestimmt trotz der Lücken verstehen.

Brandreden

Brandreden klagen aktuelle Missstände öffentlich an und fordern Lösungen. Das Ziel einer Brandrede besteht darin, für die öffentliche Wahrnehmung von Missständen zu sorgen.

Schluss mit dem Hundekot auf unserem Schulgelände

Zunächst einmal, liebe Mitschülerinnen und Mitschüler, möchte ich

WOHLWOLLEN ERWIRKEN:
- mich dafür bedanken
- meine Freude ausdrücken

_____

dass ich heute hier in der SV-Versammlung mein Anliegen vorbringen darf – ein Anliegen übrigens, das uns alle betrifft.
Zu Beginn meiner Rede würde ich euch gern ein Beispiel geben: Als ich gestern am Ende der großen Pause über den Schulhof ging, sah ich, wie

_____

_____

EIN BEISPIEL NENNEN:
- Neuntklässler tritt in Hundehaufen, muss mit Stöckchen Schuh sauber machen
- Fußball der Sechstklässler landet in Hundehaufen, muss gereinigt werden

_____

_____

Wenn das ein Einzelfall wäre, würde ich darüber kein einziges Wort verlieren.
Tatsache ist aber, dass es kein Einzelfall ist, sondern Alltag an unserer Schule.

RHETORISCHE FRAGE:
- Ist denn das zu fassen, müssen wir das dulden?
- Denn wem von uns wären die zahlreichen Hundehaufen auf unserem Schulgelände nicht schon aufgefallen?

_____

_____

_____

Es macht mich einfach wütend, mit welcher Rücksichtslosigkeit manche Hundebesitzer unser Schulgelände als Hundeklo missbrauchen. Ich sehe aber nicht ein, dass wir als Schülerinnen und Schüler diese ekelhaften Verschmutzungen länger hinnehmen sollen. Wir alle bemühen uns, unsere Schule sauber zu halten. Es gibt Ordnungsdienste für die Klassenräume, es gibt

_____
_____
_____
_____

ÄHNLICHE BEGRIFFE ANHÄUFEN:
- Tafel- & Blumendienste
- Dienste für die Mensa
- Ordnungsdienste für Schulhof & Grünanlagen

All diese Dienste haben nur ein Ziel: Für eine saubere Schule zu sorgen. Sollen wir es da einfach hinnehmen, dass es in der Nachbarschaft unserer Schule offensichtlich Menschen gibt, denen unsere Schule egal ist?

<u>Natürlich gibt es Leute,</u> _____
_____
_____
_____ .

GEGENARGUMENTE ANSPRECHEN:
- die es kleinlich finden, sich über ein Hundehäufchen ernsthaft aufzuregen
- die jede Kritik an Verschmutzungen durch Hundekot als Hundefeindlichkeit auslegen

Diese Leute sollen einmal in den Pausen und in den Mittagsfreizeiten auf unser Schulgelände kommen und sich das Ausmaß der Verschmutzungen ansehen. Diese Leute sollen sich einmal fragen, ob sie wollen, dass ihre Kinder in Hundekot treten, ob sie wollen, dass ihr Vorgarten zum stinkenden Hundeklo wird, und ob sie wollen, dass Kinder mit verkoteten Schuhen in ihrem Haus herumlaufen. Um endlich etwas gegen die Hundekot-Verschmutzung zu tun, bitte ich euch um eure Unterstützung. Ich fordere euch auf,

PARALLELISMUS:
Hier unterstreichst du die Textstellen, in denen dieselben Satzmuster wiederholt werden.

_____
_____
_____

APPELL:
- gemeinsam an einem Strang ziehen
- gemeinsam Maßnahmen überlegen, die verhindern, dass Schulhof weiterhin Hundeklo ist
- mit der Schulleitung sprechen und gemeinsam eine Lösung suchen

Vielen Dank für eure Aufmerksamkeit und für eure Unterstützung.

2 Formuliere die Lücken in der Rede mit den passenden Redestrategien und rhetorischen Mitteln aus. Aus den Vorschlägen am Rand kannst du immer <u>einen</u> aussuchen – bis auf den Parallelismus. Dort musst du Textstellen unterstreichen.

→ Ein Literaturreferat erarbeiten und halten

Referate werden in vielen Schulfächern zu unterschiedlichen Themen gehalten. Hier lernst du, ein Referat zu dem Schriftsteller Gotthold Ephraim Lessing zu halten. Im Mittelpunkt steht dabei die Ringparabel aus seinem Drama „Nathan der Weise".
2004 wurde Lessings Drama „Nathan der Weise" von Mirjam Pressler unter dem Titel „Nathan und seine Kinder" neu erzählt.
Die Idee für ihr Buch stammt also von Lessing.

1 Lies dir zunächst die Gliederung des Referates durch und verschaffe dir einen Überblick.

Gliederung

Thema: „Nathan der Weise" und die Ringparabel

1 Einleitung
1.1 Informationen über den Schriftsteller Gotthold Ephraim Lessing
1.2 Das Drama „Nathan der Weise"
 • Worum geht es?
 • Hauptpersonen des Dramas
 • Handlung des Dramas

2 Hauptteil
2.1 Die Ringparabel im Drama „Nathan der Weise"
 • Handlung der Ringparabel

3 Schlussgedanken
3.1 Persönliches Fazit[1]

[1] Fazit = Schlussgedanke, Zusammenfassung der Gedanken zum Thema

2 Für die Einleitung benötigst du Informationen über den Schriftsteller Gotthold Ephraim Lessing. Diese findest du im nachfolgenden Text.
 • Lies den Text und unterstreiche dabei wichtige Informationen.
 • Mach dir anschließend auch Notizen auf den Schreibzeilen.

Gotthold Ephraim Lessing

Gotthold Ephraim Lessing wurde 1729 in Kamenz in der Oberlausitz geboren und starb 1781 in Braunschweig. Er wurde 52 Jahre alt. Das Lernen fiel Lessing leicht. Er bekam viel
5 Lob, weil er in der Schule so gute Leistungen zeigte. Nach seiner Schulzeit studierte er Medizin und Theologie[2] in Leipzig. Seine Eltern waren sehr gläubig und fanden es gar nicht gut, dass er sich so gern mit Literatur und Theater
10 beschäftigte. Lessing arbeitete als Schriftsteller in Berlin und schrieb für mehrere Zeitungen. Außerdem verfasste er auch Theaterstücke und arbeitete am Theater in Hamburg. Das Theater musste aber aus Geldmangel schließen.
15 Lessing nahm dann eine Stelle als Bibliothekar an. 1776 heiratete er Eva König. Zwei Jahre später starb sie nach der Geburt ihres Sohnes an einer Infektion. Ihr Sohn hieß Traugott und wurde nur einen Tag alt. Das war sehr traurig
20 für Lessing. 1779 wurde er selbst sehr krank und starb zwei Jahre später in Braunschweig. Lessing war ein Autor, der sich in seinen Werken immer für die persönliche Freiheit der Menschen und für Toleranz einsetzte.

– 1729 in Kamenz geboren

---
[2] Theologie = Lehre von Gott

3 Schreibe deine Notizen jetzt in Stichwörtern auf die folgende Redekarte.

> **Heute möchte ich euch die Ringparabel aus dem Drama „Nathan der Weise" von Gotthold Ephraim Lessing vorstellen. Zuerst erzähle ich euch etwas über das Leben von Lessing.**
>
> –
>
> –
>
> –
>
> –
>
> –
>
> –
>
> **Jetzt erfahrt ihr, worum es in dem Drama „Nathan der Weise" geht.**

4 Deine Zuhörer möchten nun erfahren, worum es in dem Drama „Nathan der Weise" geht. Lies dazu den folgenden Text.

In dem Drama „Nathan der Weise" geht es um die Gleichwertigkeit der Glaubensrichtungen Judentum, Christentum und Islam. Keine Religion ist besser oder schlechter als die andere. Menschen, die an verschiedene Religionen glauben, können deshalb auch gut miteinander auskommen und friedlich zu-
5 sammenleben.
Die Geschichte spielt zur Zeit der Kreuzzüge in Jerusalem. Jerusalem wurde damals von dem muslimischen Sultan Saladin regiert. Während der Kreuzzüge versuchten die Christen, ihren Glauben überall auf der Welt zu verbreiten. So kam es, dass Jerusalem mal unter der Herrschaft der Christen und mal unter
10 der Herrschaft der Muslime war.
Zwischen den Anhängern der unterschiedlichen Religionen herrscht zu diesem Zeitpunkt Waffenstillstand.
Die Hauptperson des Dramas ist der jüdische Kaufmann Nathan. Er ist allen Religionen gegenüber tolerant und wohltätig. Nach ihm ist das Drama „Nathan
15 der Weise" benannt. Nathan ist der Meinung, dass Menschen jeden Glaubens friedlich miteinander leben können. Er hat eine Tochter, die Recha heißt. Sie ist nicht seine leibliche Tochter. Rechas leibliche Eltern waren Christen und wurden ermordet. Nathan nahm Recha zu sich und erzog sie im jüdischen Glauben.
20 Als Nathan von einer Geschäftsreise zurückkehrt, bekommt er einen Schreck.

In seinem Haus hat es gebrannt. Aber seine Tochter wurde zum Glück gerettet. Ein christlicher Tempelritter brachte Recha in Sicherheit. Der christliche Tempelritter hat einen anderen Glauben als Nathan und lehnt das Judentum zunächst ab. Nathan möchte sich aber bei dem Ritter bedanken und knüpft Kontakt zu ihm. Die beiden nähern sich einander vorsichtig an. Nathan beeindruckt den Tempelritter durch seine offene Art. Der Ritter sucht jetzt auch von sich aus den Kontakt zu der jüdischen Familie und verliebt sich dabei in Recha.
In der Zwischenzeit möchte der Sultan Saladin Frieden zwischen Muslimen, Juden und Christen schaffen. Da er kein Geld mehr hat, wendet er sich an den reichen Kaufmann Nathan. Auch Saladin ist nicht frei von Vorurteilen und prüft Nathan mit einer Fangfrage[3]. Er fragt ihn, welche Religion Nathans Meinung nach die richtige sei. Da Nathan klug ist und Gutes tun will, antwortet er sehr weise durch eine Parabel.
<u>In ihr wird deutlich, dass für Nathan alle Religionen gleich viel wert sind. Alle Religionen haben Gemeinsamkeiten, die für Nathan viel wichtiger sind als ihre Unterschiede.</u>
Der Sultan ist von Nathans Antwort beeindruckt und überzeugt.
Sie werden Freunde.
Im Laufe des Dramas erfährt man, dass die jüdische Recha und der christliche Tempelritter Geschwister sind. Ihr Vater ist der Bruder des Sultans. Beide entstammen also einer muslimischen Familie.
<u>So wird am Ende deutlich, dass alle drei Weltreligionen zusammen in einer Familie vertreten sind.</u>

---
[3] Fangfrage = Frage, auf die es schwer ist, richtig zu antworten

5 Schreibe in Stichwörtern auf die nächste Redekarte, worum es in dem Drama geht. Lies dir dazu noch einmal die unterstrichenen Stellen im Text durch.

Darum geht es in dem Drama „Nathan der Weise":

6 Schreibe in die folgende Redekarte Informationen zu den Hauptpersonen des Dramas. Lies dazu den Text noch einmal.

Nun möchte ich euch die Hauptpersonen des Dramas vorstellen:

- Nathan der Weise: _____
  _____
  _____
  _____
  _____

- Recha: _____
  _____
  _____
  _____
  _____

- Tempelritter: _____
  _____
  _____
  _____
  _____
  _____
  _____

- Sultan Saladin: _____
  _____
  _____
  _____
  _____
  _____
  _____

7 Schreibe nun in Stichwörtern Informationen zur Handlung des Dramas auf. Lies ab Zeile 20 auf Seite 14 noch einmal nach.

Nachdem ihr die wichtigsten Personen kennen gelernt habt, möchte ich euch erzählen, was genau im Drama passiert:

– Nathan kommt von einer Geschäftsreise zurück.

– Recha und der Tempelritter sind Geschwister, deswegen können sie kein Paar werden. Alle Religionen sind vereint in einer Familie.

8 Im Hauptteil des Referates geht es um die Ringparabel. Die Ringparabel ist ein beeindruckendes Märchen, das Nathan der Weise dem Sultan Saladin erzählt, als der ihn nach der richtigen Weltreligion fragt.
- Suche dir einen Partner.
- Lest zunächst nur den Text in der **linken Spalte**. Dort wird die Parabel in unserer heutigen Sprache erzählt.

NATHAN zum Sultan. Vor einigen Jahren lebte ein Mann, der einen kostbaren Ring besaß. Der Stein auf dem Ring war ein Opal, der in schö-
5 nen Farben schimmerte. Das Besondere an dem Ring war, dass er jeden, der ihn trug und an seine Macht glaubte, zu einem glücklichen Menschen machte. Der Ring bewirk-
10 te, dass man mit allen Menschen gut auskam und Gott nah stand. Der Mann wollte den Ring vererben. Er hatte mehrere Söhne. Er gab den Ring schließlich an den Sohn, den er
15 am liebsten hatte. So wurde der Ring immer an den liebsten Sohn weitervererbt.

Verstehst du mich, Sultan?

SALADIN. Ich versteh dich. Weiter!

20 **NATHAN.** Eines Tages hatte ein Mann drei Söhne, die er alle gleich stark liebte. Was sollte er tun? Er konnte sich nicht entscheiden. Er brachte es nicht übers Herz,
25 einen Sohn zu bevorzugen. Jeder Sohn hätte den Ring verdient.

NATHAN. Vor grauen Jahren lebt' ein Mann in Osten,
Der einen Ring von unschätzbarem Wert
Aus lieber Hand besaß. Der Stein war ein
5 Opal, der hundert schöne Farben spielte,
Und hatte die geheime Kraft, vor Gott
Und Menschen angenehm zu machen, wer
In dieser Zuversicht ihn trug. Was Wunder,
Dass ihn der Mann in Osten darum nie
10 Vom Finger ließ und die Verfügung traf,
Auf ewig ihn bei seinem Hause zu
Erhalten? Nämlich so. Er ließ den Ring
Von seinen Söhnen dem Geliebtesten
Und setzte fest, dass dieser wiederum
15 Den Ring von seinen Söhnen dem vermache,
Der ihm der liebste sei, und stets der liebste,
Ohn' Ansehn der Geburt, in Kraft allein
Des Rings, das Haupt, der Fürst des Hauses werde. –
20 Versteh mich, Sultan.

SALADIN. Ich versteh' dich. Weiter!

NATHAN. So kam nun dieser Ring, von Sohn zu Sohn,
Auf einen Vater endlich von drei Söhnen,
25 Die alle drei ihm gleich gehorsam waren,
Die alle drei er folglich gleich zu lieben
Sich nicht entbrechen konnte. Nur von Zeit
Zu Zeit schien ihm bald der, bald dieser, bald
Der dritte – so wie jeder sich mit ihm
30 Allein befand, und sein ergießend Herz
Die andern zwei nicht teilten – würdiger
Des Ringes, den er denn auch einem jeden
Die fromme Schwachheit hatte zu versprechen.

Da hatte der Vater eine gute Idee.
Er ließ für jeden Sohn eine perfekte
Nachbildung seines eigenen Ringes
30 anfertigen. Die drei Ringe sahen vollkommen gleich aus.
Er rief seine Söhne nacheinander zu
sich und überreichte ihnen den Ring
und seinen Segen. Jeder Sohn freu-
35 te sich darüber, dass er vom Vater
auserwählt wurde, und fühlte sich
besonders und wichtig. Sie ahnten
nicht, dass ihre Geschwister ebenfalls einen Ring bekommen hatten.
40 Dann starb der Mann.
Sultan, hörst du mir noch zu?

SALADIN *(der sich betroffen von Nathan abwandte).* Ich höre, ich höre. Nun erzähl dein Märchen mal zu
45 Ende. Mach schon!

NATHAN. Die Geschichte ist aus.
Wie es weitergeht, ist doch klar.
Nach dem Tod des Vaters trafen
sich alle drei Söhne und zeigten sich
50 gegenseitig ihre Ringe. Alle Ringe
sahen gleich aus. Die Söhne waren
enttäuscht und wütend darüber,
dass sie nicht allein ausgewählt
worden waren. Sie stritten sich, aber
55 es hatte keinen Zweck. Keiner war
besser als der andere.

Das ging nun so, solang es ging. – Allein
35 Es kam zum Sterben, und der gute Vater
Kömmt in Verlegenheit. Es schmerzt ihn, zwei
Von seinen Söhnen, die sich auf sein Wort
Verlassen, so zu kränken. – Was zu tun? –
Er sendet in geheim zu einem Künstler,
40 Bei dem er nach dem Muster seines Ringes
Zwei andere bestellt und weder Kosten
Noch Mühe sparen heißt, sie jenem gleich,
Vollkommen gleich zu machen. Das gelingt
Dem Künstler. Da er ihm die Ringe bringt,
45 Kann selbst der Vater seinen Musterring
Nicht unterscheiden. Froh und freudig ruft
Er seine Söhne, jeden insbesondre,
Gibt jedem insbesondre seinen Segen –
Und seinen Ring – und stirbt. – Du hörst doch,
50 Sultan?

SALADIN *(der sich betroffen von ihm abgewandt).*
Ich hör', ich höre! – Komm mit deinem Märchen
Nur bald zu Ende. – Wird's?

NATHAN. Ich bin zu Ende;
55 Denn was noch folgt, versteht sich ja von selbst. –
Kaum war der Vater tot, so kömmt ein jeder
Mit seinem Ring, und jeder will der Fürst
Des Hauses sein. Man untersucht, man zankt,
Man klagt. Umsonst: der rechte Ring war nicht
60 Erweislich. – *(Nach einer Pause, in welcher er des Sultans Antwort erwartet.)*
Fast so unerweislich als
Uns itzt – der rechte Glaube.

9 Sprecht darüber, wovon das Märchen handelt, das Nathan dem Sultan erzählt.

10 Ergänze nun den Lückentext zur Handlung der Ringparabel. Nutze die Hilfen am Rand und lies noch einmal genau im Text nach.

Nathan erzählt dem Sultan von einem Mann, der _____

- einen kostbaren Ring besitzen
- Gott nahe sein
- sich gut mit anderen Menschen verstehen
- Ring wurde vererbt an liebsten Sohn

Eines Tages hatte der Besitzer des Ringes ein Problem. Er hatte nämlich drei _____

- alle Söhne gleich viel lieben
- den Ring nicht allein einem Sohn geben wollen

Da hatte er eine Idee. Er ließ drei gleiche Ringe anfertigen, die genauso aussahen wie sein eigener Ring. Er ließ seine Söhne einen nach dem anderen zu sich kommen und _____

- den Ring übergeben
- die Söhne segnen
- sterben

Nach seinem Tod trafen sich die Söhne und _____

- einander die Ringe zeigen
- enttäuscht sein
- wütend sein
- jeder will für sich allein der Auserwählte sein
- Streit
- keiner besser als der andere

_____
_____
_____
_____
_____
_____

11 Lies nun den **Originaltext in der rechten Spalte**, den du jetzt bestimmt verstehst.

12 Was ist in der Parabel von Lessing anders als in der Parabel in der linken Spalte? Diskutiere mit deinem Partner und schreibe die Ergebnisse auf.

_____
_____
_____
_____

13 Was genau ist eigentlich so kostbar an dem Ring?
Lies noch einmal die Zeilen 5–11 in der linken Spalte auf Seite 18.
Kreuze dann die richtige Aussage an.

    a) Der Ring wird an den reichsten Sohn vererbt, der dadurch noch reicher wird.

    b) Der Ring macht den Träger glücklich. Er versteht sich mit allen Menschen gut und fühlt sich Gott nahe.

    c) Der Ring verleiht seinem Träger Zauberkräfte. Damit wird der Besitzer zu einem mächtigen Herrscher.

14 Der Sultan fragt Nathan den Weisen nach der richtigen Religion.
Mit der Parabel beantwortet Nathan die Frage. Welche Religion ist denn nun für Nathan die richtige? Kreuze an.

    a) das Judentum   c) der Islam
    b) das Christentum   d) Alle drei Religionen sind gleichwertig.

15 Schreibe in Stichwörtern Informationen über den Inhalt der Parabel auf die nächste Redekarte. Deine Ergebnisse aus Aufgabe 10 helfen dir dabei.

> An dieser Stelle möchte ich euch erzählen, was in der Parabel passiert:
> – Ein Mann besaß einen kostbaren Ring.

16 Zum Schluss des Referates zieht man ein persönliches Fazit.
Das bedeutet, dass man etwas darüber erzählt, wie man die
Geschichte findet. Man nennt Dinge, die einem besonders
gefallen haben, aber auch Dinge, die man nicht so gut fand.
Lies dazu den folgenden Text.

Schlussgedanken

Ich komme nun zum Schluss meines Referates. Zunächst möchte ich sagen, wie mir die Ringparabel gefallen hat. Mir fiel es leicht, die Parabel zu verstehen, weil ich zuerst den Text in unserer heutigen Sprache gelesen habe. Dadurch konnte ich später auch das meiste von Lessings Originaltext verstehen. Die
5 Parabel selbst hat mir gut gefallen.
Ich fand die Geschichte mit dem Vater und seinen Söhnen spannend. Die ganze Zeit wollte ich wissen, für welchen Sohn sich der Vater wohl entscheidet. Die Lösung hat mich dann überrascht. Der Vater hat mich sehr beeindruckt, weil er mit den drei Ringen eine gute Idee hatte. Er liebte alle seine Söhne gleich stark,
10 also gab er allen Söhnen einen Ring. Meiner Meinung nach ist das gerecht. Zuerst habe ich allerdings nicht verstanden, dass die drei Söhne für die drei Weltreligionen Islam, Judentum und Christentum stehen. Das fand ich schwer. Nun weiß ich aber, dass die Ringparabel davon handelt, dass alle Religionen gleichwertig sind. So, wie ein Vater sich nicht nur für einen Sohn entscheiden
15 kann, liebt auch Gott alle Menschen gleich. Das ist ein schöner Gedanke. Gott ist es egal, welcher Religion die Menschen angehören. So verstehe ich den Text. Ich empfehle euch, die Parabel einmal selber zu lesen.

17 Lies die nachfolgenden Fragen und beantworte sie.

a) Was war für den Schüler beim Lesen der Ringparabel schwierig?

_____

_____

b) Was hat dem Schüler an der Parabel gut gefallen?

_____

_____

_____

_____

c) Welche Figur hat den Schüler am meisten interessiert und warum?

_____

_____

→ Locker kommentiert: Eine Kolumne erarbeiten

1 In einer Kolumne wird eine kleine Geschichte erzählt, die einen kritischen Blick auf den Alltag wirft.
Die Journalistin Petra Herterich schreibt regelmäßig witzig-ironische Texte für die Kolumne „Frau am Freitag" in der „Ostfriesen-Zeitung".
Der folgende Text von Petra Herterich handelt vom Chaos.
Lies, welche Meinung sie zu diesem Thema hat.

Kolumne: Frau am Freitag

Chaos ist Ordnung

Von Petra Herterich

Es gibt ja Leute, die lieben das Chaos. Die werden nur im Durcheinander wirklich kreativ. Die Frau am Freitag ist auch so ein Typ. Ihr Schreibtisch ist immer randvoll bepackt, alles liegt irgendwie übereinander und kunterbunt durcheinander. Geliebtes Chaos. Und doch ist Ordnung darin, schließlich will man ja auch mal was wiederfinden. Doch jetzt heißt es: aufräumen. Ostern steht vor der Tür, und da hat sich Besuch angekündigt. Genau: Oma reist an.

2 Was hält die „Frau am Freitag" vom Chaos? Kreuze an.

a) Die „Frau am Freitag" lehnt Chaos ab. Ihr Schreibtisch ist immer ganz und gar aufgeräumt.

b) Die „Frau am Freitag" lebt mit ihrem Chaos. Ihr Schreibtisch ist randvoll bepackt und alles liegt kunterbunt durcheinander.

3 Doch nun muss die „Frau am Freitag" ihren Schreibtisch aufräumen. Warum?

_____

4 Lies den Text auf der rechten Seite weiter.

> Und Oma ist die Ordnung in Person. Schon früher nannte sie das Kind – also unsereins – immer „schlurig", „schlampig" gar. Bei Oma traut sich der Staub nicht mal, sich auf der Fensterbank niederzulassen. Er hätte ohnehin keine Chance, dort auch nur einen friedlichen Tag in der Sonne zu liegen. Alles ist immer picobello – keine Zeitung liegt auf dem Sofa, kein Fettfleck verunziert den Glastisch, auch die Wolldecke ist immer akkurat gefaltet, in der Küche steht nie Geschirr rum, die Spüle glänzt, der Herd sowieso. Bei Oma ist es wie in einem Möbelhaus – nur, dass die Bücher im Regal echt sind und nicht bloß Pappdeckel. „Ordnung ist das halbe Leben", sagt sie immer – unsereiner genießt da lieber die andere Hälfte.

5 Die Oma ist ein ganz anderer Typ als die „Frau am Freitag".
Schreibe Formulierungen heraus, die die Ordnungsliebe der Oma verdeutlichen.

Oma = Ordnung in Person;

_____

_____

6 Lies, wie es mit den Vorbereitungen für den Besuch der Oma weitergeht.

> Nun reist Oma also an – direkt in unser Chaos. Aber diesmal werden wir vorbereitet sein, wir räumen auf – zumindest den Schreibtisch. Sonst macht sie es womöglich wieder. So wie Weihnachten, als plötzlich die nackte Tischplatte zu sehen war. Rechnungen, Briefe, Notizen, Fotos, Stifte, Bücher, Kontoauszüge – alles weg. Alles hatte Oma in Ablagekörbe „sortiert" – es hat Tage gekostet, bis das Chaos auf dem Schreibtisch wiederhergestellt war.
> Schon der kluge Albert Einstein[1] hat sich gefragt: ==Wenn ein unordentlicher Schreibtisch einen unordentlichen Geist repräsentiert, was sagt dann ein leerer Schreibtisch über den Menschen aus, der ihn benutzt?== Nix, weil nix da ist. Wie langweilig! Nur ein Genie beherrscht das Chaos …

---

[1] Albert Einstein (1879–1955): bedeutender Physiker und Entdecker; bekannt auch für seine witzigen Aussprüche zum Alltagsgeschehen

7 Die „Frau am Freitag" bezieht sich auf den berühmten Physiker Albert Einstein: Was wollte Albert Einstein mit seiner Frage wohl andeuten? Lies noch einmal die markierte Textstelle auf Seite 25. Kreuze dann die richtige Antwort an.

Albert Einstein wollte mit seiner Frage andeuten, …
- a) …, dass ein unordentlicher Schreibtisch vermutlich einem Menschen gehört, dem viele verschiedene Gedanken durch den Kopf gehen. Im Umkehrschluss gehört ein leerer Schreibtisch dann zu einem Menschen, dem keine Gedanken durch den Kopf gehen.
- b) …, dass ein unordentlicher Schreibtisch einem Menschen gehört, der einen Ordnungsfimmel hat. Aber der ist ihm peinlich. Daher räumt er nie etwas weg.

8 Warum bezieht sich die „Frau am Freitag" wohl auf ein Zitat von Albert Einstein?

Die „Frau am Freitag" zitiert Albert Einstein, weil …
- a) … er ein berühmter Mensch war, der trotz seines Chaos sehr wichtige Entdeckungen für die Welt gemacht hat. Sie rechtfertigt so ihr eigenes Chaos.
- b) … die Oma ein großer Fan von Albert Einstein ist. Sie hofft, dass die Oma das Chaos dann nicht ganz so schlimm findet.

9 Das Chaos hat auch für die „Frau am Freitag" Grenzen. Lies dazu weiter.

> Allerdings hat auch Chaos Grenzen. Das Chaos im Zimmer des Sohnes ist definitiv zu groß, findet die Frau am Freitag. Der lacht nur. Er findet alles. Und er mahnt: „Wenn du hier was anfasst, dann hol ich Oma ab, bevor du deinen Schreibtisch aufgeräumt hast." Das wirkt, und wie! Finger weg – tapfer bleiben.

10 Was haben die „Frau am Freitag" und ihr Sohn gemeinsam?

_____

_____

11 Schreibe nun einmal selbst einen unterhaltsamen, nicht ganz ernst gemeinten Text zum Thema „Chaos". Lies dir dafür zunächst den Lückentext in der linken Spalte aufmerksam durch.

Mein geliebtes Chaos

„Meine Güte! Wie das hier wieder aussieht!", ruft meine Mutter. Was sie nur wieder hat? __Sie mit ihrem Ordnungswahn__. Es ist zum Haare raufen! Man muss sich das einmal vorstellen: Wenn unsere sonntägliche Buchstabensuppe nicht brühend heiß wäre, würde meine Mutter die Nudeln am liebsten __alphabetisch sortieren__. Und einmal in der Woche muss die Wohnung geputzt werden, davon ist sie tatsächlich __fest überzeugt__. Jetzt steht sie im Türrahmen und redet mit erhobenem Zeigefinger auf mich ein. Ich solle mein Zimmer putzen, fordert sie. Sieht sie denn nicht, dass es sich bei den liebevoll aufeinander gestapelten Klamotten um Architektur handelt? Nichts anderes als Unordnung soll das sein? Ach was! Ein __Kunstwerk ist das__! Und die paar Staubflocken unter dem Bett __brauche ich dringend für ein Experiment über Vermehrung__. Und überhaupt! Ihre Bemerkung, dass ich in meinem Zimmer gar nichts mehr wiederfinde, ist völlig falsch. Hier folgt alles __einem ganz klaren System__, gebe ich meiner Mutter als Antwort. Darüber lacht sie nur und sagt, dass ich den Boden saugen und Staub wischen soll. So viel Schmutz könne nicht gut für mich sein. Als sie aus der Tür ist, stürme ich wütend zum Fenster. Dabei __verfange ich mich in zahllosen Spinnweben__. Igitt! Zumindest die sollte ich mal wegmachen, sonst bin ich bald mehrfache Spinnenmutter.

Sie mit ihrem Ordnungswahn. // **Sie mit ihrem Chaoswahn.**

sofort essen // **alphabetisch sortieren**

nicht überzeugt // **fest überzeugt**

Kunstwerk ist das // **riesiger Wäscheberg ist das**

brauche ich dringend für ein Experiment über Vermehrung // **sauge ich gleich weg**

dem Chaos // **einem ganz klaren System**

verfange ich mich in zahllosen Spinnweben // **sehe ich, wie sauber meine Fenster sind**

12 Vervollständige den Lückentext. Wähle dazu jeweils das passende Angebot aus der rechten Spalte aus.

 **Tipp:** Der Witz einer Kolumne besteht oft darin, dass man total übertreibt oder das Gegenteil von dem sagt, was eigentlich zutrifft.

→ Mit spitzer Feder kommentiert: Karikaturen deuten

1 Sieh dir die Karikatur genau an.

2 Was ist hier eigentlich passiert? Kreuze die richtige Aussage an.

a) Die Schüler machen ein Experiment im Biologieunterricht. Das Handy der Lehrerin zeigt eine Nachricht an, die sie liest. Die Nachricht ist von ihrem Mann. Die Lehrerin lächelt.

b) Die Schüler schreiben eine Klassenarbeit. Das Handy der Lehrerin zeigt eine Nachricht an, die sie liest. Die Nachricht ist von einem ihrer Schüler aus der Klasse. Sie enthält einen Link. Die Lehrerin schimpft und ist sauer.

c) Die Schüler schreiben eine Klassenarbeit. Das Handy der Lehrerin zeigt eine Nachricht an, die sie liest. Ein Schüler aus der Parallelklasse hat ihr eine witzige Nachricht geschickt. Die Lehrerin freut sich und lacht.

3 Lies dir noch einmal die Sprechblase in der Karikatur durch.
Die Lehrerin beantwortet darin die Textnachricht eines Schülers.
Was hat der Schüler der Lehrerin wohl geschrieben? Schreibe es hier auf.

_____

_____

_____

4 Hier tauschen sich zwei Schüler über die Karikatur aus.
Lies dir durch, was sie zu sagen haben.

> Stell dir mal vor, wie unverschämt der Junge ist! Der meint tatsächlich, ein Link reicht aus, um die Fragen in der Klassenarbeit zu beantworten. Das ist ja wohl sowas von frech, aber auch irgendwie lustig!

Nele, 16 Jahre

> Ja, das finde ich auch! Lustig wird die Karikatur aber eigentlich erst, weil in ihr auch etwas Wahrheit steckt. Allerdings stellt diese Wahrheit uns Schüler in ein ziemlich doofes Licht.

Mateusz, 15 Jahre

5 Beschreibe nun mit eigenen Worten, worin deiner Meinung nach der Witz der Karikatur besteht.

_____

_____

_____

6 Was will der Karikaturist mit seiner Kritik bewirken? Schreibe es kurz auf.

_____

_____

_____

_____

Die Karikatur

Die Karikatur ist eine **komische**, oft **ironische** und **übertriebene** Darstellung von gesellschaftlichen und politischen Ereignissen oder von Personen.

Mit seiner Zeichnung will der Karikaturist seine Meinung zum Ausdruck bringen und **Kritik** üben, indem er ein Thema **witzig** darstellt. Der Karikaturist will so auf **unterhaltsame Art und Weise** zur **Meinungsbildung** beitragen.

Karikaturen bringen den Leser zum Schmunzeln. Aber manchmal bleibt ihm das Lachen auch im Halse stecken.

→ Sich über Soft Skills und Schlüsselqualifikationen informieren

1 Lies den nachfolgenden Text über Schlüsselqualifikationen.

Auf dem Weg ins Berufsleben

Viele Jugendliche denken, dass sie mit guten Zeugnisnoten auch gute Chancen haben, einen Ausbildungsplatz zu erhalten. Deshalb betonen viele Schüler im Bewerbungsgespräch ihre guten Zensuren.

Neben den Zeugnisnoten und dem schulisch erworbenen Wissen und Können,
5 den „Hard-Skills", gibt es aber auch noch andere Fähigkeiten, die für Ausbildungsbetriebe von großer Bedeutung sind. Diese Fähigkeiten nennt man „Soft-Skills".
Mit „Soft Skills" sind soziale Fähigkeiten gemeint. Nach Meinung vieler Firmenchefs sind die folgenden „Soft Skills" besonders wichtig, um im Berufsleben bestehen zu können: Kommunikationskompetenz, Engagement, analytisches Denken,
10 Belastbarkeit, Teamfähigkeit, Zielorientierung, Konfliktfähigkeit, Begeisterungsfähigkeit, Kreativität und Verlässlichkeit.

Ein guter Auszubildender benötigt also besondere soziale Fähigkeiten, im Deutschen oft auch „Schlüsselqualifikationen" genannt, um mit den Anforderungen im Betrieb zurechtzukommen.

2 Lies zunächst einmal nur die grünen Kästen mit den Erklärungen zu den verschiedenen Schlüsselqualifikationen (Soft Skills).
Ordne dann den Erklärungen die entsprechende **Schlüsselqualifikation** rechts zu.
Trage dafür die passenden Nummern in die leeren Kästchen ein.

1 Wenn eine neue Herausforderung auf dich zukommt, bist du neugierig auf die Aufgabe und gehst begeistert an die Arbeit. Du lässt dich von der Motivation deiner Kollegen anstecken.

☐ **Begeisterungsfähigkeit**

2 Gestern bist du auf eine außergewöhnliche Lösung gestoßen. Du hast gute Einfälle und probierst diese aus.

☐ **Belastbarkeit**

3 Es gibt unangenehme Arbeiten, die gemacht werden müssen. Sie sind oft auch körperlich anstrengend. Du schaffst es und hältst durch.

☐ **Kreativität**

Sach-texte und Medien

4 Du bist ein freundlicher Kollege / eine freundliche Kollegin, der / die gut zuhören kann. Du triffst den richtigen Ton und kannst deine Meinung angemessen ausdrücken.

5 Du arbeitest gern mit anderen zusammen. Im Team kommst du auf die besten Ideen und Lösungen. Du bist hilfsbereit und bei den Mitarbeitern ein gern gesehener Arbeitspartner.

6 Du zeigst Einsatzbereitschaft und bist motiviert. Wenn du etwas Neues lernen kannst, bist du aufgeschlossen, interessiert und fleißig.

7 Du erkennst bei einer Aufgabe die Schritte, die nacheinander abgearbeitet werden müssen. Du verstehst schnell, worum es geht.

8 Auf dich kann man sich hundertprozentig verlassen. Wenn man dich um etwas bittet, dann erledigst du deine Aufgabe.

9 Wenn du deine Aufgabe kennst, bleibst du so lange am Ball, bis du dein Ziel erreicht hast. Du lässt dich nicht ablenken und verlierst auch über einen längeren Zeitraum dein Ziel nicht aus den Augen.

10 Bei Meinungsverschiedenheiten bist du in der Lage, Kritik auszuhalten. Du wirkst bei Auseinandersetzungen ausgleichend und suchst nach Lösungen.

- Kommunikationskompetenz
- Engagement
- Teamfähigkeit
- Zielorientierung
- Analytisches Denken
- Konfliktfähigkeit
- Verlässlichkeit

3 In der folgenden Tabelle siehst du „Soft Skills",
die man in jedem Beruf benötigt.
Wie schätzt du deine Fähigkeiten in diesen Bereichen ein? Kreuze an.

Meine „Soft Skills"	Schwäche								→ Stärke	
	1	2	3	4	5	6	7	8	9	10
Ich kann gut zuhören und mich gut ausdrücken. **Kommunikationskompetenz**										
Ich bringe mich gern ein und bin engagiert. **Engagement**										
Ich halte anstrengende Arbeiten durch und beende sie. **Belastbarkeit**										
Ich behalte mein Ziel im Auge und lasse mich nicht ablenken. **Zielorientierung**										
Ich erledige Aufgaben zuverlässig. **Verlässlichkeit**										
Bei Problemen werde ich kreativ und versuche, eine Lösung zu finden. **Kreativität**										
Ich kann mich für berufliche Inhalte begeistern und freue mich darauf, Neues zu lernen. **Begeisterungsfähigkeit**										
Ich kann gut im Team arbeiten. **Teamfähigkeit**										
Bei einem Streit schaffe ich es, ruhig zu bleiben und eine Lösung zu suchen. **Konfliktfähigkeit**										
Ich kann mit Kritik umgehen. **Kritikfähigkeit**										
Ich bin pünktlich. **Pünktlichkeit**										

4 Markiere, welche „Soft Skills" du gern noch verbessern möchtest.

→ Eigene Stärken und Schwächen reflektieren

In vielen Bewerbungsgesprächen wird die Frage gestellt:
„Was sind ihre Stärken und Schwächen?"
Es ist ratsam, sich vor dem Vorstellungsgespräch darüber Gedanken
zu machen, wie man auf diese Frage antworten möchte.
Zunächst sollte man sich über die eigenen Stärken und Schwächen klar werden.

1 Schreibe unten jeweils drei deiner Stärken und Schwächen auf. Füge auch eine Situation hinzu, die deine Stärken und Schwächen verdeutlicht.

 Tipp:
Du kannst auch Mitschüler oder Lehrer befragen, falls dir nicht genug Stärken oder Schwächen einfallen. Hier siehst du jeweils ein Beispiel:

meine Stärke:	meine Schwäche:
Engagement	Rechtschreibung
Ich habe mich dafür eingesetzt, dass wir einen Pausenraum bekommen. Dazu habe ich mit der Schulleitung gesprochen und sie überzeugt.	Neulich im Aufsatz hatte ich viele Rechtschreibfehler.

Meine Stärken

1) _____
   _____
   _____

2) _____
   _____
   _____

3) _____
   _____
   _____

Meine Schwächen

1) _____
   _____
   _____

2) _____
   _____
   _____

3) _____
   _____
   _____

2 Viele Menschen sind es nicht gewohnt, ihre Stärken zu nennen.
Man sollte grundsätzlich nicht zu schüchtern sein oder zögerlich auftreten,
aber auch nicht übertreiben.
Hier nennen drei Bewerber ihre Antwort auf die Frage nach ihrer Stärke.
Lies dir die Sprechblasen durch.

> Ich kann eigentlich fast alles gut.
> Ich bin ein ziemlich cooler Typ, wissen Sie?
> Suchen Sie sich was aus. Vielleicht Teamarbeit?
> Kein Problem. Kann ich. Oder Mathe!
> Darin bin ich richtig gut.

> Ich halte mich für einen guten
> Streitschlichter. Ich habe extra eine
> Streitschlichterausbildung gemacht, damit
> ich dabei helfen kann, einen Streit zu
> klären. Das macht mir Spaß.

> Ich muss ehrlich sagen, dass
> ich mir nicht sicher bin. In Sport
> bin ich eigentlich ganz gut.

3 Markiere die übertriebene Äußerung rot.
Markiere die Sprechblase gelb, in der ein Bewerber eine zögerliche Antwort gibt.
Markiere die angemessene Äußerung grün.

4 Was ist das Besondere an der passenden Äußerung? Kreuze an.

    a) Die Person macht viele Pausen.

    b) Die Person nennt so viele Stärken wie möglich,
       um den Zuhörer zu beeindrucken.

    c) Die Person begründet ihre Stärke und nennt eine Situation
       oder ein Beispiel.

Im Bewerbungsgespräch sollte man auch seine Schwächen
ehrlich benennen. Es ist aber sehr wichtig, einen guten Vorsatz mit
der Schwäche zu verbinden. So zeigst du, dass du schon jetzt an
deinen Schwächen arbeitest und dich weiterentwickeln möchtest.

5 Auf der rechten Seite findest du drei Beispiele dafür, welche Schwächen
schon einmal von Bewerbern in Vorstellungsgesprächen genannt wurden.
• Finde für jede Schwäche den passenden Vorsatz.
• Ergänze den Vorsatz dann in der dazugehörigen Sprechblase.

Ich habe manchmal Probleme, vor vielen Menschen zu sprechen. Dann werde ich nervös und verspreche mich schon mal.

_____
_____
_____
_____

Aus diesem Grund benutze ich immer das Wörterbuch oder das Rechtschreibprogramm am PC. Schwierige Wörter schreibe ich mir auf und sammle sie in einer Kartei zum Üben.

Das beschäftigt mich schon länger. Deswegen arbeite ich jetzt mit einem Terminplaner und teile mir die Arbeit ein. Ich erledige jeden Tag einen Teil und schaffe seitdem alles rechtzeitig.

Ich habe noch Probleme mit der Rechtschreibung.

_____
_____
_____
_____
_____

Daher übe ich das Vortragen noch mehr und bereite mich besonders gut auf Vorträge vor. Auf diese Weise bin ich schon viel sicherer geworden.

Für mich war es manchmal schwer, meine Aufgaben konzentriert zu erledigen. Deshalb habe ich dann nicht alles geschafft.

_____
_____
_____
_____
_____

6 Nenne jetzt <u>eine</u> eigene Schwäche und finde einen guten Vorsatz dafür.
Die Satzanfänge am rechten Rand können dir dabei helfen.

_____

_____

_____

_____

_____

_____

_____

_____

_____

_____

💡 **Schwäche**
- Ich habe manchmal das Problem, dass …
- Für mich ist … manchmal noch schwer.
- Mir fällt es nicht immer leicht, …
- Gelegentlich kommt es vor, dass …

💡 **Vorsatz**
- Aber ich …
- Aus diesem Grund möchte ich …
- Deshalb habe ich mir vorgenommen …
- Das beschäftigt mich schon länger. Daher habe ich bereits …
- Mir hilft es, wenn ich …

7 Löst die folgende Aufgabe in Partnerarbeit.
Führt gemeinsam ein Bewerbungsgespräch durch,
in dem der Personalchef dem Bewerber folgende Fragen stellt:
„Welche Stärken und Schwächen haben Sie? Erzählen Sie mal."

Achtet darauf, dass der Bewerber in eurem Gespräch …
- … seine Stärken begründet.
- … seine Schwächen mit einem guten Vorsatz verbindet.
- … flüssig spricht und nicht zu viele Füllwörter wie „äh" verwendet.
- … dich als Gesprächspartner ansieht.
- … in angemessenem Tempo spricht.
- … gerade auf dem Stuhl sitzt und die Arme nicht verschränkt.

Gib deinem Partner nach dem Gespräch eine Rückmeldung.
- Was ist ihm im Bewerbungsgespräch besonders gelungen?
- Was könnte er noch verbessern?
  Welche Tipps könntest du ihm dazu geben?

Tauscht danach die Rollen.

→ Einen Klassenwiki-Artikel lesen und verstehen

1 Ein Schüler hat einen Artikel für das Klassenwiki geschrieben. Lies dir den Artikel durch.

Was ist ein Flashmob?

Bei einem Flashmob treffen sich viele Menschen, um etwas Ungewöhnliches zu tun. Häufig kennen sich die Menschen untereinander nicht. Sie haben sich online
5 über das Internet verabredet. Wichtig bei einem Flashmob ist, dass sich die Menschenmenge nur kurz trifft, um eine Aktion durchzuführen, und dann wieder schnell auseinanderläuft. So entsteht für die Zuschauer der Eindruck, als wäre nichts geschehen.

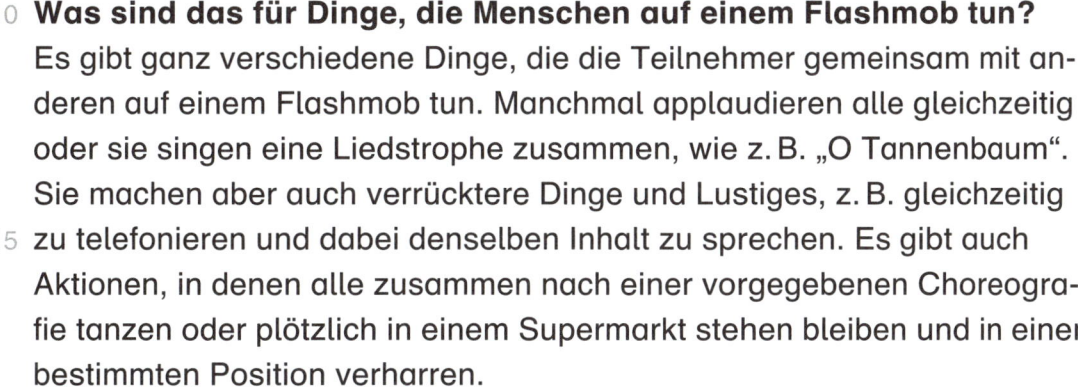

10 ### Was sind das für Dinge, die Menschen auf einem Flashmob tun?

Es gibt ganz verschiedene Dinge, die die Teilnehmer gemeinsam mit anderen auf einem Flashmob tun. Manchmal applaudieren alle gleichzeitig oder sie singen eine Liedstrophe zusammen, wie z. B. „O Tannenbaum". Sie machen aber auch verrücktere Dinge und Lustiges, z. B. gleichzeitig
15 zu telefonieren und dabei denselben Inhalt zu sprechen. Es gibt auch Aktionen, in denen alle zusammen nach einer vorgegebenen Choreografie tanzen oder plötzlich in einem Supermarkt stehen bleiben und in einer bestimmten Position verharren.

Wie läuft ein Flashmob ab?

20 Über einen Online-Aufruf werden Informationen über Ort, Zeit, Aktion und benötigte Gegenstände verbreitet. Der Flashmob startet, wenn jemand zum abgesprochenen Zeitpunkt mit der vereinbarten Aktion beginnt. Die anderen Teilnehmer steigen dann rasch ein. Die Zuschauer, die keine Ahnung haben, dass sich neben ihnen gerade ein Flashmob ereignet, sind
25 meistens völlig irritiert und verwundert. Sie werden so für einen kurzen Moment aus ihrem Alltag gerissen. Nach einer bestimmten Zeit gehen die Teilnehmer des Flashmobs wieder auseinander und der Flashmob löst sich so schnell auf, wie er auch entstanden ist.

Was ist der Grund für Flashmobs?

30 Die meisten Flashmobs haben keinen tieferen Sinn. Die Menschen treffen sich oft nur so, weil es Spaß macht: Sie wollen den Alltag für einen kleinen Moment durcheinanderwirbeln. Daher sind die unbeteiligten Zuschauer für den Erfolg eines Flashmobs auch sehr wichtig. Ihre Reaktionen gehören fest zum Flashmob dazu.

35 Flashmobs, die etwas bewirken wollen, werden „Smart Mob" genannt. Doch nur die wenigsten Flashmobs verstehen sich als politischer Protest.

2 Worum geht es in diesem Klassenwiki? Schreibe das Thema in einem Satz auf.

_____

_____

3 Tausche dich mit einem Partner über die vier Abschnitte des Artikels aus.

4 Nun kannst du bestimmt die folgende Zusammenfassung über Flashmobs vervollständigen. Finde zu den Satzanfängen jeweils das passende Gegenstück aus der Sammlung unten. Schreibe es in die entsprechende Zeile.

Bei einem Flashmob treffen sich unbekannte Menschen in der Öffentlichkeit,

_____

_____

Dazu wird in Online-Communities, Weblogs oder Ähnlichem _____

_____. Dort wird darüber informiert, _____

_____

Beim Treffen selbst beginnt dann jemand, etwas Ungewöhnliches zu tun, _____

_____. Die Zuschauer

sind davon völlig überrascht und _____

_____

Der Flashmob endet _____

Das Signal dafür kann _____

_____

… eine vereinbarte Zeit oder auch das Singen einer bekannten Liedstrophe sein.
… wo und wann man sich für den Flashmob trifft und ob man etwas mitzubringen hat.
… um ungewöhnliche Dinge zu tun, wie z. B. eine Kissenschlacht.
… genauso plötzlich, wie er begonnen hat.
… ein Aufruf gestartet.
… und die anderen steigen spontan ein.
… die Tätigkeit, wie z. B. spontanes Applaudieren, wirkt auf sie im ersten Moment völlig nichtssagend.

5 Über Flashmobs kann man sehr unterschiedlicher Meinung sein.
Lies dir die beiden Standpunkte durch.

Ich finde Flashmobs toll. Es macht mir Spaß, mich mit unbekannten Menschen spontan zu verabreden, um etwas Ungewöhnliches zu machen. Einmal war ich auf einem Flashmob, wo wir uns spontan mit wildfremden Menschen umarmen sollten. Damit wollten wir zeigen, wie wichtig friedliches und freundschaftliches Zusammenleben ist.

Flashmobs finde ich total überflüssig. Ich weiß einfach nicht, was der Sinn darin ist, sich mit absolut Fremden zu treffen und irgendwas Komisches zu machen. Da kann doch nur Quatsch bei rumkommen. Einmal war ich zufällig Zuschauer bei einem Flashmob. Es ging darum, wie lange es wohl dauern wird, bis eine große Fast-Food-Kette keine Burger mehr verkaufen kann. Die Teilnehmer stopften die Burger nur so in sich rein, gekaut haben sie das Essen so gut wie gar nicht. Und die Mitarbeiter der Fast-Food-Kette arbeiteten wie die Weltmeister. Als die Fast-Food-Kette dann keine Burger mehr liefern konnte, wurde laut gejubelt. Wozu diese Aktion gut gewesen sein soll, weiß ich aber bis heute nicht.

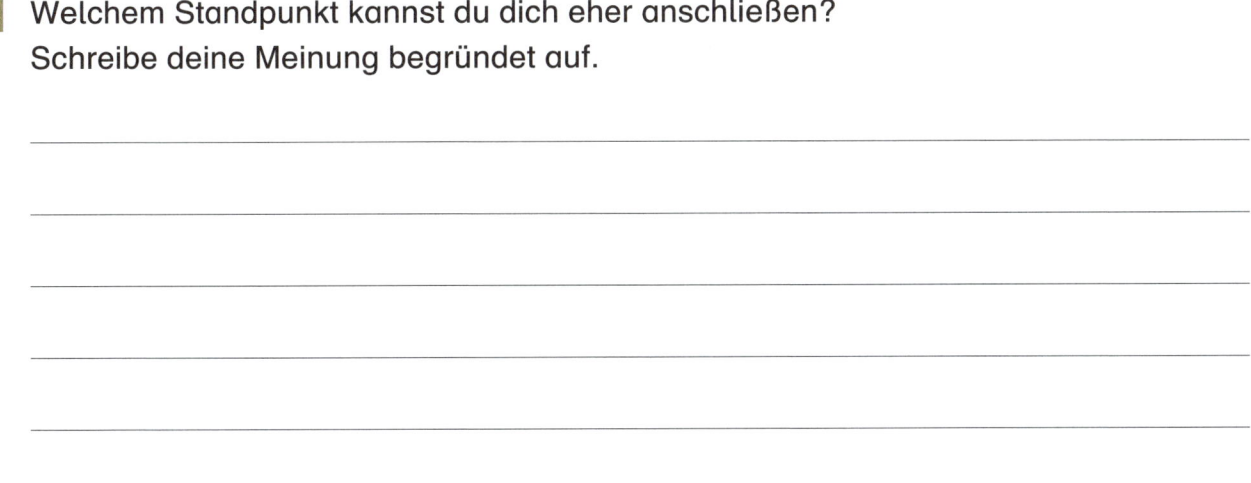

6 Welchem Standpunkt kannst du dich eher anschließen?
Schreibe deine Meinung begründet auf.

_____
_____
_____
_____
_____

7 Der Klassenwiki-Artikel über das Thema „Flashmob" wurde von einem Schüler geschrieben.
Recherchiere im Internet, welche Informationen man noch ergänzen könnte.

→ Eine Inhaltsangabe verbessern und vervollständigen

1 Informiere dich im Merkkasten über das Schreiben einer Inhaltsangabe.

Inhaltsangabe

In einer Inhaltsangabe **fasst** man einen Text **kurz** und **knapp zusammen**.
So kann der **Inhalt** des Originaltextes **von jemand anderem verstanden** werden, **ohne dass er den Text gelesen** hat.

In der **Einleitung** gibt man Informationen über **Textform, Titel, Verfasser** und **worum es in dem Text geht**.

Im **Hauptteil** informiert man **kurz** und **sachlich** über die **Hauptfiguren**, die **Situation** und die **Handlung**.

Inhaltsangaben werden hauptsächlich im **Präsens** geschrieben.
Die Ich- bzw. Du-Form wird in der Inhaltsangabe zu **er** oder **sie**.
Wörtliche Reden werden verkürzt wiedergegeben.

2 Lies nun die Erzählung von Erwin Moser in der **linken** Spalte.
Die Spalte rechts musst du jetzt noch nicht beachten.

Der Kugelschreiber, die Füllfeder und das Taschenmesser
(Erwin Moser)

Ein Kugelschreiber, eine Füllfeder und ein Taschenmesser lagen einmal in einer Schublade eines alten Schreibtisches. Der Kugelschrei-
5 ber war aus schwarzem Plastik, mit einem verchromten Gürtelband um die Mitte. Er sah wirklich sehr hübsch und elegant aus – jedoch war er leergeschrieben. Die Füllfe-
10 der bestand aus braun marmoriertem Hartplastik und war ebenfalls sehr vornehm im Aussehen. Aber auch sie war leer, und die Zeit, in der man sie das letzte Mal benutzt
15 hatte, lag schon viele Jahre zurück. Das Taschenmesser, das gleich hinter dem Kugelschreiber lag, hatte einen unscheinbaren, abgenutzten Holzgriff und seine Klinge war mit

Die Geschichte „Der Kugelschreiber, die Füllfeder und das Taschenmesser" wurde von Erwin Moser geschrieben. Sie handelt davon, dass man aufgrund von Äußerlichkeiten nicht auf den wahren Wert von Dingen schließen sollte.

In einer Schublade eines alten Schreibtisches liegen drei Gegenstände: ein Kugelschreiber, eine Füllfeder und ein Taschenmesser.

A
Sowohl der Kugelschreiber als auch die Füllfeder sehen noch gut aus, sind aber beide leergeschrieben. Der Kugelschreiber ist aus schwarzem Plastik. Er hat ein verchromtes Gürtelband um die Mitte – äußerst edel und ansehnlich. Die Füllfeder besteht aus braun marmoriertem

20 Rostflecken übersät. Der Kugelschreiber hatte mit der Füllfeder ein Gespräch begonnen. „He, Kollege", sagte er, „du bleibst also bei deiner Behauptung, dass mit dir Bücher
25 geschrieben worden sind?"
„So ist es", antwortete die Füllfeder. „Und wenn du es genau wissen willst, es waren sechs Romane, einhundertvierunddreißig Kurz-
30 geschichten und ein Buch über Psychologie! Daraus ersiehst du, welches Wissen ich besitze. Ich will mich ja nicht selber loben – aber mein Wissen ist schlichtweg enorm.
35 Es gibt kaum eine Füllfeder auf der Welt, die so viel weiß wie ich!"
„Na ja, jetzt übertreibst du aber", sagte der Kugelschreiber, „sechs Romane! Das glaube ich dir einfach
40 nicht. Denn bereits nach einem Roman wärst du derartig stumpf gewesen, dass man keine Zeile mehr mit dir hätte schreiben können!"
Die Füllfeder lächelte überlegen.
45 „Da hast du natürlich Recht, mein lieber Kuli, aber meine Federspitze wurde selbstverständlich jedes Mal ausgetauscht, wenn sie stumpf wurde."
50 „Na ja, das ist schon möglich", sagte der Kugelschreiber und ärgerte sich innerlich über den überheblichen Ton der Feder. „Auch ich bin nicht gerade dumm!", sagte er dann.
55 „Das hat niemand behauptet, mein Bester", sagte die Füllfeder und grinste spöttisch.
„Ich war in einer Regierungsstelle beschäftigt", sagte der Kugelschrei-
60 ber und betonte dabei jedes einzelne Wort.
„Bei einer Regierungsstelle?", fragte die Feder, die jetzt neugierig gewor-

Hartplastik und wirkt sehr vornehm. Das Taschenmesser weist hingegen viele Gebrauchsspuren auf.

B
Der Kugelschreiber und die Füllfeder beginnen // begannen ein Gespräch darüber, wie wichtig sie früher einmal waren. Dazu zählen // zählten sie auf, was alles schon mit ihnen geschrieben wurde.

den war. „Welche Stelle soll das denn gewesen sein?"

Der Kugelschreiber rollte sich näher an die Füllfeder heran und flüsterte: „Beim Geheimdienst …"

„So?", sagte die Feder ungläubig.

„Und was wurde da mit dir geschrieben?"

„Das, meine Gute", sagte der Kugelschreiber triumphierend, „das ist natürlich streng geheim! Top secret! Du wirst hoffentlich verstehen, dass ich darüber nicht sprechen kann. Ich weiß Dinge, kann ich dir sagen, Dinge, von denen du nicht einmal träumen würdest!"

Jetzt war es an der Feder, sich zu ärgern. Aber sie ließ sich nichts anmerken und sagte nur: „Nun, da habe ich dich etwas falsch eingeschätzt."

Plötzlich hörten sie eine etwas heisere Stimme aus dem Hintergrund: „Auch mit mir wurde etwas geschrieben!" Es war das rostige Taschenmesser, das dem Gespräch der beiden Schreibwerkzeuge zugehört hatte.

Der Kugelschreiber und die Füllfeder drehten sich erstaunt um.

Als sie das Messer sahen, brachen sie in Gelächter aus.

„Sieh an, wen haben wir denn da?", sagte die Feder.

„Du willst etwas geschrieben haben?", fragte der Kugelschreiber mitleidig. „Nun sag schon, welch ehrfurchtgebietendes Wissen schlummert denn in dir?" Und sie kugelten sich vor Lachen hin und her.

„Warum lacht ihr denn?", fragte das Taschenmesser. „Es stimmt wirklich! Mit mir wurde einmal etwas ge-

C
Auch das Taschenmesser meldet sich zu Wort. Es versichert, dass auch mit ihm etwas geschrieben wurde. // Es sagt: „Auch mit mir wurde etwas geschrieben!"

D
Der Kugelschreiber und die Füllfeder machen sich über das Taschenmesser lustig. Sie wollen aber auch wissen, was genau das Taschenmesser geschrieben hat. Daraufhin erklärt das Taschenmesser den beiden, dass mit ihm eine Liebeserklärung in einen Baum geritzt worden ist. Nun wissen …

_____

_____

_____

schrieben. Ehrlich, ich lüge nicht!"
„Na, rede schon, was wurde mit dir
geschrieben?", sagte die Feder jetzt
in einem schärferen Ton; denn sich
von einem rostigen Messer zum
Narren halten zu lassen, das war
das Letzte, was sie sich gefallen
lassen würde.
„Na ja", sagte das Taschenmesser
schüchtern, „ein junger Mann hat
einmal mit mir ‚Ich liebe Irene' in
einen Baumstamm geschnitten."
Darauf wussten die Feder und der
Kugelschreiber nichts zu sagen.

3 Wie hat dir die Geschichte gefallen? Begründe kurz deine Meinung.

_____

_____

_____

4 Blättere zurück zum Textbeginn auf Seite 40.
In der rechten Spalte findest du die **Inhaltsangabe** zur Geschichte.
Diese Inhaltsangabe enthält aber Fehler und sie ist noch nicht vollständig.
- Lies die Informationen zur Inhaltsangabe im Merkkasten (Seite 40).
- Bearbeite dann die Inhaltsangabe, indem du die folgenden Hinweise umsetzt.

A: Hier werden zwei der drei Schreibwerkzeuge zu ausführlich beschrieben.
Streiche überflüssige Angaben durch.

B: Entscheide, welche Zeitform für die Inhaltsangabe richtig ist.
Streiche die falsche Zeitform durch.

C: Überlege, wie die wörtliche Rede in Inhaltsangaben wiedergegeben wird.
Streiche den falschen Satz durch.

D: Der Schluss der Inhaltsangabe fehlt. Beende den Text.

5 Schreibe nun deine überarbeitete Inhaltsangabe vollständig in dein Heft.

→ Argumente aus einem Text herausarbeiten

1 Lies dir den folgenden Text aufmerksam durch.

Raus aus dem Elternhaus und rein in die eigene Wohnung

Immer mehr Jugendliche unter 18 Jahren wollen ihr Elternhaus so früh wie möglich verlassen.
Doch zwischen Traum und Realität liegen oft Welten: Bekommen sie mit der eigenen Wohnung die lang ersehnte Freiheit oder überfordert der frühe Auszug die Teenager?
In der Jugendfreizeitstätte Bückeburg fand eine Podiumsdiskussion zum Thema „Raus aus dem Elternhaus und rein in die eigene Wohnung" statt. Jugendliche, Eltern, Pädagogen und Psychologen diskutierten dabei die Frage: „Ist es empfehlenswert, dass Jugendliche schon vor dem 18. Lebensjahr in eine eigene Wohnung ziehen?"

„Als ich den Schlüssel zu meiner eigenen Wohnung vom Vermieter bekam, ging mein lang ersehnter Wunsch endlich in Erfüllung. Ich konnte es kaum erwarten auszuziehen", sagt der 16-jährige Marco. „Ich wollte endlich mein eigenes Ding machen und mir nicht ständig erzählen lassen, was ich zu tun und zu lassen habe. Als ich noch zu Hause wohnte, war regelmäßig Stress vorprogrammiert. Es gab häufig Streit und meine Mutter war oft wütend, zum Beispiel als ich eine meiner Zimmerwände schwarz gestrichen habe."
Marcos Mutter zweifelt daran, ob der Auszug der richtige Schritt war. „Ich weiß nicht, ob Marco schon erwachsen genug ist und die Alltagspflichten, wie zum Beispiel die Wohnung sauber halten und einkaufen, verantwortungsvoll wahrnehmen kann. Es war schon hier zu Hause immer ein Problem für ihn, sein Zimmer in Ordnung zu halten."
Der Psychologe Dr. Battermann äußert sich in ähnlicher Weise: „Meine Erfahrungen zeigen, dass viele Jugendliche, die vor dem 18. Lebensjahr ausziehen, nach spätestens einem Jahr wieder bei den Eltern wohnen. Es gelingt ihnen selten, die Eigenständigkeit im Alltag zu verwirklichen. So haben sie unter anderem Probleme mit der Einteilung ihres Geldes."
„Früher oder später muss doch jeder lernen, auf eigenen Beinen zu stehen", erwidert Tim, 17 Jahre. „Ich finde es hat durchaus viele Vorteile, wenn Jugendliche früh alleine wohnen. Sie werden dann viel schneller selbstständig und nehmen ihr Leben in die eigene Hand. Spätestens nach dem Schulabschluss kann es für viele notwendig werden, allein zurechtzukommen, da man für eine Ausbildung vielleicht in eine andere Stadt ziehen muss. Also ich möchte kein Nesthocker werden, der mit 25 Jahren noch bei seinen Eltern rumhängt."

Marvin bemerkt dazu noch, dass es auch sehr sinnvoll sein kann, dass sich Jugendliche eine eigene Wohnung nehmen, wenn die Eltern zum Bei-spiel aus beruflichen Gründen umziehen müssen: „Wenn man gerade in
40 den letzten Zügen des Schulabschlusses steckt oder endlich einen tollen Ausbildungsplatz gefunden hat, dann wäre es wirklich schwer, das alles aufgeben zu müssen, finde ich."
Der Diplompädagoge Hans Hermann Bolte traut den jungen Leuten den Schritt in die Unabhängigkeit in jedem Fall zu. „Man darf junge Leute nicht
45 unterschätzen. An der Herausforderung einer eigenen Wohnung und der eigenständigen Versorgung können sie reifen. Und in Notfällen können sie sich ja immer an die Eltern wenden."
Anders als viele ihrer Altersgenossen vertritt die Schülerin Sinah den Standpunkt, dass der Auszug bei den Eltern nicht zu schnell erfolgen
50 sollte. „Die eigene Wohnung ist schwer zu finanzieren. Die Miete und die Lebensmittel muss man erst einmal bezahlen können. Und Lebensmittel werden ständig teurer." Hierfür gibt es zwar Unterstützungsmodelle des Staates, z. B. Wohngeld, aber meistens müssen die Eltern zahlen. Für die Eltern bedeutet das dann die Finanzierung von zwei Haushalten.
55 Unabhängig von den verschiedenen Standpunkten ist die rechtliche Lage bezüglich des Auszugs von Minderjährigen eindeutig: Ob Jugendliche vor ihrem 18. Lebensjahr eine eigene Wohnung beziehen dürfen, entscheiden letztendlich immer noch die Erziehungsberechtigten.

2 Um welche Streitfrage geht es hier? Schreibe sie heraus.

_____

_____

3 Welche Personen äußern sich zu der Streitfrage?
Unterstreiche die Namen der Personen, die Pro-Argumente äußern, grün, und die Namen der Personen, die Contra-Argumente äußern, rot.

4 Im Text **„Raus aus dem Elternhaus und rein in die eigene Wohnung"** findest du Argumente, die für und gegen den frühzeitigen Auszug bei den Eltern sprechen. Schreibe die Pro- und die Contra-Argumente aus dem Text stichwortartig auf.

Pro-Argumente:

_____

_____

_____

 Contra –Argumente:

5 In einem Jugendforum im Internet entdeckst du folgenden Beitrag
   von Robin zum Thema „Eigene Wohnung mit 16".

   Hallo Leute,
   ich möchte von zu Hause ausziehen, bin mir aber nicht sicher,
   ob es das Richtige ist. Kann mir jemand einen Rat geben?
   Gruß Robin

   Was würdest du Robin raten?
   • Schreibe ihm deinen Rat.
   • Führe dazu zwei Argumente an. Beachte dabei den Aufbau eines Arguments
     (Behauptung – Begründung – Beispiel). Schreibe in dein Heft.

→ Eine Argumentation erarbeiten

Eine Studie von 2013 hat ergeben, dass 90% der Jugendlichen und jungen Erwachsenen im Alter von 11–26 Jahren lieber mit Freunden verreisen würden als mit ihren Eltern. Mit den Eltern in den Urlaub fahren möchten nur 8%.
Zu der Frage: „Sollten Jugendliche ohne Eltern in den Urlaub fahren?"
gibt es also unterschiedliche Standpunkte.

1 Schreibe deine ersten Gedanken zu diesem Thema stichwortartig auf.

_____

_____

_____

2 Suche dir einen Partner oder eine Partnerin.
Schaut euch die Übersicht mit dem Pro- und Contra-Argument genau an.
Tauscht eure Gedanken darüber aus.

Pro-These:	Contra-These:
Es spricht einiges dafür, dass Jugendliche ohne Eltern in den Urlaub fahren.	Es spricht einiges dagegen, dass Jugendliche ohne Eltern in den Urlaub fahren.
Argument: **Behauptung:** Jugendliche werden selbstständiger und sammeln eigene Erfahrungen. **Begründung:** Sie treffen für sich selbst Entscheidungen und können beweisen, dass sie alleine zurechtkommen. **Beispiel:** Für einen Wochenendausflug haben meine Freunde und ich entschieden, in Holland zu zelten. Wir haben alles vorher genau geplant und geregelt. So gab es keine Probleme auf unserem Ausflug. Außerdem haben wir tolle neue Freunde aus England kennen gelernt.	**Argument:** **Behauptung:** Jugendliche wissen sich ohne ihre Eltern in manchen Situationen nicht zu helfen. **Begründung:** Sie können in Situationen geraten, in denen sie Angst haben, nicht mehr weiter wissen oder sich hilflos fühlen. **Beispiel:** Auf meiner letzten Reise wurde mir die Brieftasche mit Geld, Ausweis und Flugticket gestohlen. Meine Freunde und ich wussten nicht, was wir in einer solchen Situation machen sollten. Zum Glück habe ich meine Eltern sofort erreicht. Die haben dann alles für mich geregelt.

Argumente bestehen immer aus drei Teilen.

1. Behauptung   2. Begründung   3. Beispiel/Beleg

Erst durch ein Beispiel, das als Beleg dient, wird eine Behauptung mit Begründung zu einem Argument.

3 Hier findest du zu dem Thema „**Sollten Jugendliche ohne Eltern in den Urlaub fahren?**" jeweils ein weiteres Pro- und Contra-Argument. Aber die Behauptungen, Begründungen und Beispiele sind durcheinandergeraten. Stelle die richtige Reihenfolge her. Schreibe die Argumente dann geordnet auf.

- In einer Gruppe mit Jugendlichen kann man im Urlaub gute soziale Erfahrungen machen.

- Im Alltag bleibt oft nur wenig Zeit, in Ruhe mit den Eltern und den Geschwistern zu reden und etwas zu unternehmen.

- Ich war in den Herbstferien eine Woche mit fünf Freunden in einer Jugendherberge im Harz. Wir haben immer gemeinsam beschlossen, was wir unternehmen wollen. Jeder musste dann mal etwas mitmachen, was ihm zuvor nicht so zugesagt hat. Meistens war derjenige aber im Nachhinein überrascht, wie viel Spaß es ihm dann doch gemacht hat.

- Im Urlaub kann man mehr Zeit mit Eltern und Geschwistern verbringen.

- Mein Vater war total entspannt und wir konnten mit ihm seit Langem mal wieder richtig herumalbern und Spaß haben.

- Man muss sich während einer Gruppenfahrt auf die Bedürfnisse der anderen einstellen und lernt auch, seine eigenen Interessen zu vertreten.

- In unserem letzten Urlaub habe ich mit meinem Vater und meiner Schwester eine Paddeltour gemacht. Das wollten wir schon länger machen, aber nie war die Zeit dafür da.

Pro-Argument

Behauptung: _____

Begründung: _____

Beispiel: _____

Contra-Argument

Behauptung: _____

Begründung: _____

Beispiel: _____

4 Welchen Standpunkt hast du selbst zu diesem Thema eingenommen? Formuliere nun deine Meinung mit einem vollständigen Argument. Dazu kannst du die anderen Argumente als Anregung nehmen.

Ich bin der Meinung, dass _____

_____

_____

_____

_____

_____

_____

_____

5 Schreibe nun eine zusammenhängende Argumentation zu diesem Thema in dein Heft. Beachte dabei die Checkliste.

Der Anfang deiner Einleitung könnte zum Beispiel so aussehen:
Viele Jugendliche möchten gern auch ohne ihre Eltern in den Urlaub fahren und die Ferienzeit mit Gleichaltrigen verbringen. ...

lineare Erörterung

Einleitung
↓
Pro- oder Contra-These

Argument 1
↓
Argument 2
↓
…
wichtigstes Argument
↓
Schluss

CHECKLISTE

Ich habe …
✓ das Thema kurz eingeleitet.
✓ die Pro- oder Contra-These aufgestellt.
✓ meine These mit mehreren Argumenten (Behauptung – Begründung – Beispiel) unterstützt.
✓ zum Schluss meinen eigenen Standpunkt bekräftigt, indem ich mein wichtigstes Argument noch einmal genannt und beschrieben habe, wie ich persönlich mit diesem Thema umgehe.
✓ überprüft, ob ich hauptsächlich im Präsens geschrieben habe und sachlich geblieben bin.

→ Die Charakterisierung einer literarischen Figur erarbeiten

Am Beispiel der folgenden Charakterisierung des Gesellen Fedri aus Max Frischs Drama „Andorra" kannst du lernen, wie man eine Charakterisierung über eine literarische Figur schreibt. Im dritten Bild des Dramas wird besonders deutlich, was für ein Mensch der Geselle Fedri ist. Wenn ihr euch gemeinsam in der Klasse schon über den Inhalt des „Dritten Bildes" aus „Andorra" ausgetauscht habt, dann könnt ihr auch die folgenden Aufgaben gut lösen.

1 Lies dir zunächst den ersten Teil der Charakterisierung genau durch.

Charakterisierung: Der Geselle Fedri

In seinem Drama „Andorra" hat Max Frisch neben dem Tischlermeister Prader mit dem Gesellen Fedri noch eine weitere Figur geschaffen, die Andri übel mitspielt und sich dadurch an Andris tragischem Schicksal mitschuldig macht.
5 Über Fedris nähere Lebensumstände erfährt man im dritten Bild des Dramas wenig – nur, dass Fedri seit fünf Jahren bei Tischlermeister Prader als Geselle arbeitet. Wie Fedri aussieht, wird nicht beschrieben. Umso mehr erfährt der Leser aber über das hinterhältige Verhalten von Fedri gegenüber Andri und über seine anderen negativen
10 Charaktereigenschaften.
Fedris Feigheit und Hinterhältigkeit werden besonders deutlich, als der Tischlermeister wissen will, von wem der schlecht gearbeitete Stuhl ist. Aus Angst vor Bestrafung gibt Fedri nicht zu, dass er diesen Stuhl angefertigt hat. Selbst als der Tischler Fedri extra
15 herbeiruft und ihn ausdrücklich fragt, wer den schlecht verleimten Stuhl gemacht hat, sagt er nichts. Er nimmt bewusst in Kauf, dass Andri die Schuld für die schlechte Arbeit bekommt. Dieses Verhalten zeigt deutlich, dass der Geselle kein echter Freund ist.

2 Welche Charaktereigenschaften von Fedri werden bereits hier deutlich?

_____

_____

_____

3 Lies diese Charakterisierung zu Fedri nun auf der nächsten Seite aufmerksam zu Ende.

Fedri lässt Andri feige und hinterhältig im Stich und ist froh, dass
20 Andri für die schlechte Arbeit verantwortlich gemacht wird. Als der
Tischler Prader die verzweifelten Einwände von Andri einfach nicht
glaubt, kichert Fedri sogar im Hintergrund. Fedri traut sich zum einen
nicht, zu seiner schlechten Arbeit zu stehen, aber er ist zum anderen
auch gar nicht bereit dazu. Er lacht Andri darüber hinaus noch aus.
25 Er verhält sich egoistisch, ungerecht und denkt nur an seinen Vorteil.

4 Wie müsste sich Fedri in der Auseinandersetzung rund um den schlecht gearbeiteten Stuhl eigentlich verhalten?

_____
_____
_____
_____

5 Am Schluss einer Charakterisierung werden die wichtigsten Aussagen über die Figur und ihr Verhalten in Form einer persönlichen Stellungnahme bewertet.
Formuliere nun deine persönliche Meinung zu dem Gesellen Fedri.

_____
_____
_____
_____
_____
_____
_____

→ Heinrich Heines Gedicht „Loreley" erschließen

Heinrich Heine war ein sehr bedeutender deutscher Dichter. Eines seiner bekanntesten Gedichte heißt „Loreley". In diesem Gedicht spielt ein großer Felsen am rechten Ufer des Rheins in der Nähe der Stadt Sankt Goar eine wichtige Rolle. Der Felsen wird „Loreley" genannt und ist so bekannt, weil er ein wunderschönes Echo gibt, wenn man an dieser Stelle etwas laut hineinruft. Schon immer gab es an dieser Flussstelle viele Schiffsunglücke. Oftmals endeten sie in einer Katastrophe. Besonders zu Heinrich Heines Lebzeiten galt die Durchfahrt an dieser Stelle als sehr gefährlich und schwierig. Heute lassen sich Touristen aus aller Herren Länder zu diesem Felsen bringen. Sie alle kennen den Felsen aus Heines Gedicht.

1 Lies dir die erste Strophe von Heinrich Heines weltberühmtem Gedicht „Loreley" durch.

> **Loreley**
> Ich weiß nicht, was soll es bedeuten,
> Dass ich so traurig bin;
> Ein Märchen aus alten Zeiten,
> 4 Das kommt mir nicht aus dem Sinn.

2 Das lyrische Ich beschreibt hier seine momentane Stimmung. Wie fühlt es sich? Woran muss es immerzu denken? Schreibe es mit deinen Worten auf.

3 Lies, wie es weitergeht.

> Die Luft ist kühl und es dunkelt,
> Und ruhig fließt der Rhein;
> Der Gipfel des Berges funkelt
> 8 Im Abendsonnenschein.

4 In der zweiten Strophe wird die Stimmung vor allem durch Bilder aus der Natur vermittelt. Kreuze die drei richtigen Antworten dazu an.
- a) Die Luft ist frisch.
- b) Es ist schwül.
- c) Es wird dunkel, nur noch die Abendsonne scheint und beleuchtet den Berggipfel.
- d) Es ist tiefe Nacht, nur der Mond scheint und beleuchtet den Berggipfel.
- e) Man hört einen tosenden Fluss.
- f) Der Fluss fließt ruhig dahin.

5 In diesen beiden Strophen hat eine junge Frau ihren Auftritt.
Lies einmal, was das Besondere an ihr ist.

> Die schönste Jungfrau sitzet
> Dort oben wunderbar;
> Ihr gold'nes Geschmeide¹ blitzet,
> 12 Sie kämmt ihr goldenes Haar.
>
> Sie kämmt es mit goldenem Kamme
> Und singt ein Lied dabei;
> Das hat eine wundersame,
> 16 Gewaltige Melodei.

6 Diese Jungfrau zieht die ganze Aufmerksamkeit des lyrischen Ichs auf sich.
Wie gelingt ihr das? Beantworte dazu kurz die folgenden Fragen.
Wo sitzt sie?

_____

Wie sieht sie aus und wodurch fällt sie auf?

_____

Was genau macht sie?

_____

Wie wirkt sie?

_____

7 Lies nun, was sich unten auf dem Rhein zur selben Zeit ereignet.

> Den Schiffer im kleinen Schiffe
> Ergreift es mit wildem Weh;
> Er schaut nicht die Felsenriffe,
> 20 Er schaut nur hinauf auf die Höh'.
>
> Ich glaube, die Wellen verschlingen
> Am Ende Schiffer und Kahn;
> Und das hat mit ihrem Singen
> 24 Die Loreley getan.
>
> (Heinrich Heine)

8 Es hat sich ein schweres Unglück ereignet.
Was genau ist passiert? Beschreibe die Katastrophe.

¹ Schmuck

9 Wie du weißt, gibt es den „Loreley"-Felsen ja wirklich.
Und du weißt auch, dass sich an dieser Stelle am Rhein tatsächlich zahlreiche Schiffsunglücke ereignet haben. Viele dieser Unfälle können bis heute nicht eindeutig erklärt werden. Sie bleiben rätselhaft.
Lies, wie sich der Kapitän Piet Hansen, die Geologin Stina Asmussen und die Auszubildende Medla Boockhagen die Schiffskatastrophen erklären.

> Ich fahre seit über 50 Jahren zur See. Fast täglich bin ich seitdem an dem „Loreley"-Felsen vorbeigeschippert. Passiert ist mir aber zum Glück noch nie etwas. Warum? – Ich denke, weil ich immer drei Stoßgebete zum Himmel schicke, damit mich die Hexe mit ihrem schönen Gesang und ihrem glänzenden Haar nicht ins Verderben stürzt.

Piet Hansen (68 Jahre), Kapitän

> Die vielen Schiffsunglücke am „Loreley"-Felsen im Rhein sind einfach zu erklären: Auf der einen Seite des Rheins liegen viele Felsstücke unter der Wasseroberfläche. Auf der anderen Seite ist eine tückische Sandbank. Die Kapitäne müssen ihr Schiff also durch einen sehr schmalen Wasserweg manövrieren. Wenn man da mal abgelenkt ist oder von der untergehenden Sonne geblendet wird, kann es schnell zu einem Unfall kommen.

Stina Asmussen (52 Jahre), Geologin

> Eigentlich glaube ich nicht an solche Märchen. Und die meisten der Schiffsunglücke dort sind ja auch eindeutig zu erklären. Aber was ist mit den Katastrophen, die nicht zu erklären sind? Das finde ich schon merkwürdig. Außerdem erzählen ja alle Seeleute unabhängig voneinander von der gleichen Erscheinung. Vielleicht ist ja doch etwas Wahres dran an der Geschichte mit der Hexe, die als wundersam singende Jungfrau allen Seeleuten den Kopf verdreht. Wer weiß …

Medla Boockhagen (16 Jahre), Auszubildende

10 Die Geologin Stina Asmussen ist sich sicher, dass allein menschliches Versagen zu den Schiffskatastrophen am „Loreley"-Felsen geführt hat. Was meinst du zu der Geschichte um die „Loreley"?
Sind es wirklich nur das grelle Blenden der untergehenden Sonne und die Sandbank? Oder ist an der Geschichte mit der Jungfrau vielleicht doch etwas dran? Schreibe deine Meinung hier auf.

_____
_____
_____
_____

Literatur begegnen

→ Eine Parodie verstehen

1 Hier hat ein Schüler das Gedicht „Loreley" von Heinrich Heine witzig nachgeahmt. Das nennt man auch „parodieren". Lies dir das Gedicht des Schülers einmal durch.

Ich weiß nicht, was soll das bedeuten,
dass ich irgendwie so geknickt bin;
eine Geschichte aus früheren Zeiten,
4 die geht mir überhaupt nicht mehr aus dem Sinn.

Es war im letzten Sommer,
ich paddele gemütlich im Fluss.
Da sitzt ein Mädchen oben am Ufer,
8 zu dem ich hingucken muss.

Ich glaube, sie guckt zu mir runter,
im Wind weht ihr blondes Haar.
Ich sitze in meinem Kajak
12 und finde sie ganz wunderbar.

Ich paddele ständig im Kreise;
es packt mich so ein komisches Weh;
ich achte nicht mehr auf das Wasser,
16 ich guck nur noch nach ihr in die Höh.

Da lacht sie plötzlich und winket!
Unsre Blicke, die haben sich getroffen.
Das Kanu kippt um und versinket.
20 Beinahe wär ich ersoffen.

2 Wie wirkt dieses Gedicht auf dich? Schreibe es kurz auf.

3 Was kommt dir in dieser Parodie aus dem Gedicht von Heinrich Heine bekannt vor? Was ist anders als in dem Gedicht von Heinrich Heine?

_____
_____
_____
_____
_____
_____
_____

4 Die Parodie klingt so lustig, weil sie viele alltags- und umgangssprachliche Ausdrücke enthält. Notiere Beispiele, die das zeigen. Schreibe so:

Vers 2: irgendwie so geknickt
_____
_____
_____

Parodie

Eine Parodie ahmt einen bekannten Text (Märchen, Gedicht, Werbung ...) oder eine berühmte Persönlichkeit nach. Dabei behält sie die äußere Form des Textes oder die Art und Weise, wie eine Person auftritt, bei. Über diese witzige Nachahmung amüsiert sich der Zuschauer oder Leser dann.

Um eine Parodie zu verstehen, ist es also wichtig, das Original zu kennen.

Eine Parodie kann man aus ganz verschiedenen Gründen schreiben: Entweder man möchte etwas kritisieren oder etwas ins Lächerliche ziehen. Oder man möchte eine komische Wirkung erzeugen und den Leser amüsieren. Manchmal parodiert man aber auch nur aus reiner Lust am Spiel mit Sprache.

5 Welche Absicht mag der Schüler wohl gehabt haben, das Gedicht von Heinrich Heine auf witzige Art nachzuahmen? Kreuze an.

- a) Er wollte von einem eigenen Erlebnis erzählen.
- b) Er wollte zeigen, dass er besser dichten kann als Heinrich Heine.
- c) Er wollte ein ernsthaftes Gedicht schreiben.
- d) Er wollte seinen Zuhörern ein Vergnügen bereiten.

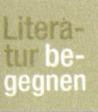

→ Satiren verstehen

1 Lies die erste Strophe des Gedichtes „Abendlied" von Matthias Claudius[1].

Abendlied

Der Mond ist aufgegangen,
Die goldnen Sternlein prangen
   Am Himmel hell und klar;
4 Der Wald steht schwarz und schweiget,
Und aus den Wiesen steiget
   Der weiße Nebel wunderbar.

[…]

(Matthias Claudius)

2 Kreuze die richtigen Aussagen zu dem Inhalt der Strophe an. Es sind sechs.

   a) Es ist ein sonniger Tag.
   b) Es ist Nacht.
   c) Der Mond scheint.
   d) Es regnet.
   e) Am Himmel sieht man viele Sterne.
   f) Der Himmel ist ganz klar.
   g) Man hört in der Nähe laute Stimmen.
   h) Man kann Häuser sehen.
   i) Der Wald sieht in der Nacht schwarz aus und es ist ganz still.
   j) Ein Hase hoppelt über die Wiese.
   k) Man sieht Nebel aus den Wiesen hochsteigen.
   l) Man hört von Weitem ein Gewitter heranrollen.

3 Dieter Hildebrandt[2] hat eine Satire mit dem Titel „Der Mond ist aufgegangen" geschrieben. Lies seine Satire auf der folgenden Seite.
Erkennst du darin die Gedichtstrophe von Matthias Claudius wieder?
Schreibe die Farbe des Gedichtes auf.

---

[1] Matthias Claudius war ein deutscher Dichter. Er lebte von 1740–1815.
[2] Dieter Hildebrandt war ein deutscher Kabarettist. Er lebte von 1927–2011.
[3] Helmut Kohl war deutscher Bundeskanzler von 1982–1998.

Der Mond ist aufgegangen

Helmut Kohl[3] spricht Matthias Claudius.

Der Mond,
meine Damen und Herren, und das möchte ich hier in aller Offenheit sagen,
ist aufgegangen!
Und niemand von Ihnen, liebe Freunde, meine Damen und Herren,
5 wird mich daran hindern, hier in aller Entschlossenheit festzustellen:
Die goldnen Sternlein prangen
und wenn Sie mich fragen, meine Freunde, wo, dann sage ich es Ihnen:
am Himmel!
Und zwar, und das sei hier in aller Eindeutigkeit gesagt, so wie meine Freunde
10 und ich uns immer zu allen Problemen geäußert haben:
hell und klar.
Und ich scheue mich auch nicht, hier an dieser Stelle ganz konkret zu behaupten:
Der Wald steht schwarz und ...
lassen Sie mich das hinzufügen
15 und schweiget.
Und hier sind wir doch alle aufgerufen – gemeinsam –, die uns alle tief
bewegende Frage an uns gemeinsam zu richten: Wie geht es denn weiter?
Und ich habe den Mut und die tiefe Bereitschaft und die Entschlossenheit,
hier in allem Freimut und aller Entschiedenheit zu bekennen,
20 dass ich es weiß! Nämlich:
Und aus den Wiesen steiget
das, was meine Reden immer ausgezeichnet hat:
der weiße Nebel wunderbar.

(Dieter Hildebrandt)

4 Dieter Hildebrandt hat das Gedicht von Matthias Claudius mit einer Politikerrede des früheren Bundeskanzlers Helmut Kohl verbunden. Lies einmal nur die **Politikerrede**.

5 Welche der folgenden Antworten ist richtig? Kreuze sie an.
a) Der Politiker hält eine bedeutsame Rede mit sehr wichtigen Inhalten.
b) Der Politiker benutzt wichtig klingende Wörter, sagt aber nichts mit ihnen aus.
c) Der Politiker hält eine Rede über den Mond.

6 Überlege, was Dieter Hildebrandt mit seiner Satire wohl **kritisiert**? Lies den Merkkasten und kreuze die richtige Antwort an.
a) Dieter Hildebrandt kritisiert Politiker, die viel reden, ohne etwas Wichtiges dabei zu sagen, und die sich dabei ganz wichtig vorkommen.
b) Dieter Hildebrandt kritisiert die Umweltpolitik.
c) Dieter Hildebrandt mag das Gedicht „Der Mond ist aufgegangen" nicht.

Satire

Eine **Satire** übt auf indirekte, meist humorvolle Weise Kritik. Mit den Mitteln der **Übertreibung** und der **Ironie** werden gesellschaftliche Missstände oder menschlich angreifbare Verhaltensweisen kritisiert.

→ Satiren selbst schreiben

1 Lies die vier verschiedenen Gedichte.
Wähle dann das Gedicht aus, das dir am besten gefällt.

Kleine Erde

Die Welt ist groß.
Die Erde ist bloß
ganz klein.
4 Sieh in den Himmel hinein,
wenn es klar ist und dunkel:
Das Sternengefunkel
erzählt dir von Weiten
8 und Ewigkeiten.

(Michael Kumpe)

Ein gleiches

Über allen Gipfeln
Ist Ruh,
In allen Wipfeln
4 Spürest du
Kaum einen Hauch;
Die Vögelein schweigen im Walde.
Warte nur, balde
8 Ruhest du auch.

(Johann Wolfgang von Goethe)

Schöne seltene Weide

Manchmal, nach einem Herbststurm,
wenn die Luft still und gefegt ist,
gehe ich im Garten umher und zähle
4 die abgeschlagenen Äste.
Nur die Weide zeigt keine Veränderung.
Ich bewundere sie lange:
nicht immer sieht es so schön aus,
8 wenn die Biegsamkeit überlebt.

(Rainer Malkowski)

Sägen sägen

Mit Sägen kann man sägen,
mit Riegeln kann man riegeln,
mit Spritzen kann man spritzen,
4 mit Spiegeln kann man spiegeln,
mit Zügeln kann man zügeln,
in Wiegen kann man sich wiegen,
aber mit Flügeln kann man nicht flügeln,
8 mit Flügeln kann man nur fliegen.

(Paul Maar)

2 Verbinde nun dein ausgewähltes Gedicht und die folgenden Floskeln
so miteinander, wie Dieter Hildebrandt es gemacht hat. Zum Beispiel so:

Meine Damen und Herren, ich hoffe, ich kann Ihnen heute
in aller Überzeugung klar machen:
Über allen Gipfeln   (Gedicht)

Gib deiner Satire auch eine Überschrift. Dazu kannst du den Titel des Gedichtes
verwenden oder dir selbst einen Titel ausdenken.
Schreibe außerdem deinen Namen als Autor auf die entsprechende Zeile.

_____ (Titel)

_____ (Autor)

Meine Damen und Herren, ich hoffe, ich kann Ihnen heute
in aller Überzeugung klar machen:

_____ (Gedicht)

Mit tiefer Bewegung und, lassen Sie es mich verdeutlichen, mit aller Kraft sage
ich Ihnen:

_____ (Gedicht)

Und wir alle müssen doch endlich einmal dieser Tatsache klar ins Auge sehen:

_____ (Gedicht)

Und lassen Sie mich auch diesen wichtigen Punkt hinzufügen:

_____ (Gedicht)

Wir werden an unseren Taten gemessen. Wir dürfen nicht nur reden,
wir müssen auch handeln. Deshalb sage ich:

_____ (Gedicht)

Entschlossen und ohne Wenn und Aber weise ich darauf hin:

_____ (Gedicht)

3 Beende die Satire. Wähle dazu zwei von den Floskeln rechts aus. Schreibe sie abwechselnd mit den beiden übriggebliebenen Versen aus dem Gedicht auf. Tragt eure Satiren vor.

Mit aller Entschiedenheit rufe ich Ihnen zu:
Ich habe es gestern gesagt, ich sage es heute
   und ich werde es morgen sagen:
Erkennen Sie endlich die Realität an:
Man kann sich nicht vor der Verantwortung drücken.
Das Leben ist kein Wunschkonzert.
So erlauben Sie mir folgende Bemerkung:

_____ (Floskel)

_____ (Gedicht)

_____ (Floskel)

_____ (Gedicht)

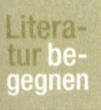

→ Die Handlung eines Dramas erschließen – Figurenübersicht

Max Frisch: „Andorra"

Max Frisch war ein berühmter Schweizer Schriftsteller der Nachkriegszeit. Er schrieb unter anderem das Drama „Andorra" (1961). Schon als Schüler hat er sich sehr für Literatur und das Schreiben interessiert. Bevor Max Frisch aber Schriftsteller wurde, arbeitete er jahrelang als Architekt. Er starb 1991 nach einem langen Krebsleiden in Zürich.

1 Lies dir den Text zur Dramenhandlung aufmerksam durch.

Max Frischs Drama spielt in Andorra. Aber er meint hier nicht das reale Land Andorra. Max Frischs Andorra ist frei erfunden. Dort lebt der Lehrer Can. Er hat
5 mit der Senora aus dem herrschsüchtigen und gewalttätigen Nachbarstaat der „Schwarzen" einen unehelichen Sohn namens Andri. Can befürchtet, deshalb von seinen Mitbürgern verachtet zu wer-
10 den. Daher sagt er, dass Andri ein Judenkind wäre, das er vor den judenfeindlichen „Schwarzen" gerettet habe. Andri wächst so als Adoptivsohn von Can und seiner andorranischen Frau in Andorra auf. Als
15 Andri älter ist, verliebt er sich in seine Adoptivschwester Barblin, die er auch gerne heiraten möchte. Sie ist die leibliche Tochter von Can und seiner andorranischen Frau. Andri möchte sehr gerne
20 Tischler werden. Daher besorgt Can ihm schließlich eine Lehrstelle bei dem Tischlermeister Prader. Dieser möchte aber eigentlich keinen Juden als Lehrling haben. Als Prader eines Tages in der Werkstatt
25 einen Stuhl von Andri prüfen will, nimmt er bewusst den schlecht verarbeiteten Stuhl von dem Gesellen Fedri. Der Stuhl bricht sofort auseinander und Prader beschimpft Andri. Obwohl Andri verzweifelt
30 erwidert, dass dies nicht sein Stuhl sei, beharrt Prader auf seiner Meinung, dass Andri nicht als Tischler geeignet sei. Er möchte ihn lieber im Verkauf einsetzen, weil er Juden wegen ihrer angeblichen
35 Geldgier gut dafür geeignet hält. Kurz darauf verbietet Can Andri, Barblin zu heiraten. Das erklärt sich Andri damit, dass auch sein Adoptivvater etwas gegen Juden hat. Andri ahnt aber natürlich
40 nicht, dass Barblin eigentlich seine Halbschwester ist. Als Andris leibliche Mutter, die Senora, bei einem Besuch in Andorra durch einen Stein getötet wird, glauben die Andorraner, dass nur Andri der Mörder
45 sein könne. Andri verzweifelt immer mehr. Da hilft es auch nicht mehr, dass Pater Benedikt ihm verrät, dass er gar kein Jude ist, sondern der leibliche Sohn von Can. Andri fühlt sich inzwischen nämlich nicht
50 mehr als Andorraner. So hält er an seiner falschen Identität als Jude fest. Mittlerweile sind die „Schwarzen" in Andorra einmarschiert. Sie führen eine Judenschau durch. Dabei glauben sie, Andri als Juden
55 erkennen zu können. Davon lassen sich die „Schwarzen" auch nicht mehr abbringen, obwohl Barblin schwört, dass Andri kein Jude ist, sondern ihr Halbbruder. Schließlich wird Andri abgeführt und ge-
60 tötet. Daraufhin erhängt sich Can wegen seiner Schuldgefühle und seiner Trauer in der Schule und Barblin wird vor Kummer wahnsinnig.

2 Schreibe die Namen der Personen heraus, die in der Inhaltsangabe genannt werden.

_____

_____

_____

Figurenkonstellation

Can	Adoptivmutter	Senora
Andri		Barblin
Prader	Fedri	Pater Benedikt

3 Lies dir die folgenden Personenbeschreibungen genau durch. Schreibe dann die Zahl in das Kästchen der Person, zu der die Beschreibung passt.

1. … ist der Sohn des Lehrers Can. Er möchte gerne Tischler werden. Er muss immer wieder gegen Vorurteile kämpfen, weil die Andorraner ihn für einen Juden halten. Er liebt Barblin, die Tochter des Lehrers, und möchte sie heiraten.

2. … ist der Tischlermeister. Er lehnt Andri als Lehrling ab, weil er glaubt, dass Juden geldgierig sind und daher besser im Verkauf arbeiten können.

3. … ist die Frau von Can und Andris Adoptivmutter.

4. … ist Andris leibliche Mutter aus dem feindlichen Nachbarland. Sie war eine Zeit lang mit dem Lehrer Can zusammen.

5. … ist Lehrer in Andorra. Andri ist sein leiblicher Sohn. Aber aus Angst vor der Reaktion der Andorraner will er nicht zugeben, dass er mit der Senora aus dem feindlichen Nachbarland einen unehelichen Sohn hat. Er sagt daher, dass er Andri aus dem feindlichen Nachbarland gerettet hat und adoptiert ihn als Judenkind.

6. … ist Pater in Andorra. Er möchte, dass Andri einsieht, dass er als Jude anders ist als andere Menschen in Andorra. Aber später ist er derjenige, der Andri darüber aufklärt, dass er in Wirklichkeit gar kein Jude ist.

7. … ist die Tochter des Lehrers Can. Sie liebt Andri und möchte seine Frau werden.

8. … ist der Geselle des Tischlers Prader. Er hat den schlechten Stuhl gebaut, für den Andri verantwortlich gemacht wird.

→ Eine Szene aus einem Drama erschließen

Im dritten Bild des Dramas wird erzählt, wie es Andri in der Tischlerei Prader ergeht. Eigentlich wollte der Tischler Prader Andri gar nicht als Lehrling einstellen. Prader glaubt nämlich, dass Juden nur für den Verkauf begabt seien. Doch Andris Vater zahlt dem Tischler ein besonders hohes Lehrgeld.
Gerade hat Andri seinen ersten Stuhl fertiggestellt. Er steht mit dem Gesellen Fedri zusammen in der Tischlerei. Sie reden über die Fußballmannschaft, in der Andri gerne mitspielen möchte. Da kommt der Tischlermeister Prader herein. Er will den Stuhl von Andri prüfen, um zu sehen, ob er sich als Tischler eignet. Prader begutachtet aber bewusst den schlecht verarbeiteten Stuhl vom Gesellen. Er glaubt Andri nicht, dass er den sorgfältig gearbeiteten Stuhl gemacht hat.

1 Lies dir die Szene erst einmal in Ruhe durch

Drittes Bild

Man hört eine Fräse, Tischlerei, Andri und ein Geselle je mit einem fertigen Stuhl.
[...]
Tischler versucht ein Stuhlbein auszureißen.

5 **Andri:** Meister, das ist aber nicht meiner!
Tischler: Da –
Der Tischler reißt ein erstes Stuhlbein aus.
Was hab ich gesagt?
Der Tischler reißt die andren drei Stuhlbeine aus.
10 – wie die Froschbeine, wie die Froschbeine. Und so ein Humbug¹ soll in den Verkauf. Ein Stuhl von Prader, weißt du, was das heißt? – da,
Der Tischler wirft ihm die Trümmer vor die Füße.
schau's dir an!

¹ Humbug: Unsinn, Unfug

15 **Andri:** Sie irren sich.
Tischler: Hier – das ist ein Stuhl!
Der Tischler setzt sich auf den andern Stuhl.
Hundert Kilo, Gott sei's geklagt, hundert Kilo hab ich am Leib, aber was ein rechter Stuhl ist, das
20 ächzt nicht, wenn ein rechter Mann sich draufsetzt, und das wackelt nicht. Ächzt das?
Andri: Nein.

Tischler:	Wackelt das?
Andri:	Nein.
25 **Tischler:**	Also!
Andri:	Das ist meiner.
Tischler:	– und wer soll diesen Humbug gemacht haben?
Andri:	Ich habe es Ihnen aber gleich gesagt.
30 **Tischler:**	Fedri! Fedri! *Die Fräse verstummt.*
Tischler:	Nichts als Ärger hat man mit dir, das ist der Dank, wenn man deinesgleichen in die Bude nimmt, ich hab's ja geahnt. *Auftritt der Geselle.*
35	Fedri, bist du ein Gesell oder was bist du?
Geselle:	Ich –
Tischler:	Wie lang arbeitest du bei Prader & Sohn?
Geselle:	Fünf Jahre.
Tischler:	Welchen Stuhl hast du gemacht? Schau sie dir
40	an. Diesen oder diesen? Und antworte. *Der Geselle mustert die Trümmer.* Antworte frank und blank.
Geselle:	– ich …
Tischler:	Hast du verzapft oder nicht?
45 **Geselle:**	– jeder rechte Stuhl ist verzapft …
Tischler:	Hörst du's?
Geselle:	– Nur was geleimt ist, geht aus dem Leim …
Tischler:	Du kannst gehn. *Geselle erschrickt.*
50 **Tischler:**	In die Werkstatt, meine ich. *Geselle geht rasch.* Das laß dir eine Lehre sein. Aber ich hab's ja gewußt, du gehörst nicht in die Werkstatt. *Der Tischler sitzt und stopft sich eine Pfeife.*
55	Schad ums Holz. *Andri schweigt.*
Tischler:	– Nimm das zum Heizen.
Andri:	Nein. *Tischler zündet sich die Pfeife an.*
60 **Andri:**	Das ist eine Gemeinheit! *Tischler – zündet sich die Pfeife an.*
Andri:	… ich nehm's nicht zurück, was ich gesagt habe. Sie sitzen auf meinem Stuhl, ich sag es Ihnen, Sie lügen, wie's Ihnen grad paßt, und
65	zünden sich die Pfeife an. Sie, ja, Sie! Ich hab Angst vor euch, ja, ich zittere. Wieso hab ich

kein Recht vor euch? Ich bin jung, ich hab gedacht: Ich muß bescheiden sein. Es hat keinen Zweck, Sie machen sich nichts aus Beweisen. Sie sitzen auf meinem Stuhl. Das kümmert Sie aber nicht? Ich kann tun, was ich will, ihr dreht es immer gegen mich, und der Hohn nimmt kein Ende. Ich kann nicht länger schweigen, es zerfrißt mich. Hören Sie denn überhaupt zu? Sie saugen an Ihrer Pfeife herum, und ich sag Ihnen ins Gesicht: Sie lügen. Sie wissen ganz genau, wie gemein Sie sind. Sie sind hundsgemein. Sie sitzen auf dem Stuhl, den ich gemacht habe, und zünden sich Ihre Pfeife an. Was hab ich Ihnen zuleid getan? Sie wollen nicht, daß ich tauge. Warum schmähen Sie mich? Sie sitzen auf meinem Stuhl. Alle schmähen mich und frohlocken und hören nicht auf. Wieso seid ihr stärker als die Wahrheit? Sie wissen genau, was wahr ist. Sie sitzen drauf –

Der Tischler hat endlich die Pfeife angezündet.
Sie haben keine Scham² –.

Tischler: Schnorr³ nicht so viel.
Andri: Sie sehen aus wie eine Kröte!
Tischler: Erstens ist hier keine Klagemauer⁴.
Der Geselle und zwei andere verraten sich durch Kichern.
Tischler: Soll ich eure ganze Fußballmannschaft entlassen?
Der Geselle und die anderen verschwinden.
Erstens ist hier keine Klagemauer, zweitens habe ich kein Wort davon gesagt, daß ich dich deswegen entlasse. Kein Wort. Ich habe eine andere Arbeit für dich. Zieh deine Schürze aus! Ich zeige dir, wie man Bestellungen schreibt. Hörst du zu, wenn dein Meister spricht? Für jede Bestellung, die du hereinbringst, mit deiner Schnorrerei, verdienst du ein halbes Pfund. Sagen wir: ein ganzes Pfund für drei Bestellungen. Ein ganzes Pfund! Das ist's, was deinesgleichen im Blut hat, glaub mir, und jedermann soll tun, was er im Blut hat. Du kannst Geld verdienen, Andri, Geld, viel Geld …
Andri reglos.

² Scham: *hier:* Schuldbewusstsein
³ Schnorr: hier nicht im Sinne von „betteln", sondern von „zu viel reden"
⁴ Klagemauer: antike Mauer in Jerusalem / Gebetstätte der Juden

Abgemacht?
*Der Tischler erhebt sich und klopft Andri auf
die Schulter.*
Ich mein's gut mit dir.
Der Tischler geht, man hört die Fräse wieder.
Andri: Ich wollte aber Tischler werden …

2 Arbeitet gemeinsam mit einem Partner oder einer Partnerin.
- Entscheidet euch für eine Figur und lest erst einmal leise vor euch hin.
- Dann lest halblaut mit verteilten Rollen.

3 Was ist der Geselle Fedri für ein Typ? Kreuzt die zutreffende Antwort an.

a) Fedri ist ein guter Freund und sehr hilfsbereit.
b) Fedri ist feige und nicht ehrlich.
c) Fedri ist pflichtbewusst und verlässlich.

4 Mit welchen Adjektiven kann man das Verhalten des Tischlermeisters am treffendsten beschreiben?
Sucht fünf Adjektive heraus, die ihr besonders passend findet.
Schreibt sie auf.

tolerant	freundlich	ungerecht	verlogen	verständnisvoll
fair	gewissenlos	skrupellos	rücksichtsvoll	verachtend
rücksichtslos	egoistisch	hinterhältig	unfair	demütigend

_____

_____

5 Obwohl sich Andri so verzweifelt gegen den Tischlermeister wehrt, bekommt er kein Recht. Lest in den Zeilen 62–88 noch einmal nach.
Mit welchen Gefühlen geht er wohl nach Hause? Beschreibt sie mit euren Worten.

_____

_____

_____

→ Einen inneren Monolog schreiben

Der innere Monolog

In einem inneren Monolog führt eine literarische Figur mit sich selbst in Gedanken ein Gespräch, in dem sie zum Beispiel …

- … über ihre Probleme und Beziehungen zu anderen Figuren nachdenkt.
- … über ihr eigenes Verhalten nachdenkt und sich selbst Vorwürfe macht.
- … ihr Verhalten vor sich selbst rechtfertigt.
- … Fragen an sich selbst stellt.
- … Ängste, Zweifel und Hoffnungen äußert.
- … Entscheidungen trifft und über Zukunftspläne nachdenkt.

Der innere Monolog gibt dem Zuschauer oder Leser so einen Einblick in die **Gedanken- und Gefühlswelt** der literarischen Figur.

Innere Monologe werden meist in der **Ich-Form** und im **Präsens** geschrieben

1 Stell dir vor, du bist Andri. Welche Gedanken und Gefühle würden **dir** nach der Auseinandersetzung mit dem Tischlermeister durch den Kopf gehen? Schreibe sie stichwortartig auf.

_____

_____

_____

_____

_____

_____

_____

2 Formuliere nun einen Tagebucheintrag von Andri als zusammenhängenden Text.
Der Schreibplan und die Formulierungshilfen auf der folgenden Seite und deine Ergebnisse aus Aufgabe 1 helfen dir dabei.
Schreibe in dein Heft.

Schreibplan
- Wie mag sich Andri nach diesem Tag in der Tischlerei fühlen?
- Was denkt Andri über das Verhalten des Tischlermeisters?
- Findet Andri die Reaktion des Tischlers richtig?
- Was denkt Andri im Nachhinein über Fedri?
- Vor welchen Problemen steht Andri jetzt?
- Was will und könnte er wohl am nächsten Tag tun?

Formulierungsanregungen:

Er glaubt mir einfach nicht.

Ich hab mir so viel Mühe gegeben.

Fedri ist feige und gemein.

Vielleicht war ich zu wütend.

Ich bin doch im Recht.

Ich bin doch nur ein Jude.

Ich will nicht in den Verkauf.

Fedri ist einfach kein wahrer Freund.

Ich sollte Can um Rat fragen.

Ich hätte nicht „Kröte" sagen sollen.

Ich sollte Fedri zur Rede stellen.

Ich werde gar nicht mehr in die Tischlerei gehen.

So könnte Andris Tagebucheintrag beginnen:

Ich bin so wütend. Dieser hundsgemeine Geselle Fedri. Er hat genau gewusst, dass der gut gemachte Stuhl von mir ist. Aber trotzdem hat er mir nicht geholfen. Er hat sogar so getan, als sei es sein Stuhl. Und dieser Prader! Er glaubt mir einfach nicht. Ich kann mir gut vorstellen, dass er sogar absichtlich den falschen Stuhl genommen hat. Das ist so ungerecht, aber ich kann nichts dagegen machen. Und das alles nur, weil ...

→ Sich mit Vorurteilen auseinandersetzen

1 Lies den Text gemeinsam mit einem Partner oder einer Partnerin aufmerksam durch.

Vorurteil

Die Bestandteile des Begriffs „Vor-Urteil" deuten darauf hin, dass ein vorab wertendes oder voreiliges Urteil über eine Person oder über eine Personengruppe gemeint ist. Vorurteile werden oft unkritisch übernommen, ohne sie zu hinterfragen. So können sie sich
5 in einer Gesellschaft schnell ausbreiten. Der Begriff „Vorurteil" wird in der Alltagssprache meist abwertend benutzt. Tatsächlich unterscheidet man aber zwischen positiven (aufwertenden) und negativen (abwertenden) Vorurteilen. Positive Vorurteile zeigen sich beispielsweise in einer verklärten Sicht auf einen geliebten
10 Menschen. Negative Vorurteile entstehen meist durch unzulässige Verallgemeinerungen, wenn beispielsweise das negative Verhalten einer Person verallgemeinert wird und dann als typisches Merkmal einer ganzen Personengruppe gilt. Meist werden Vorurteile als bewiesene Tatsachen missverstanden und zur Rechtfertigung
15 des eigenen Verhaltens herangezogen. Vorurteile verändern das Verhalten der Vorurteilsträger gegenüber dem Personenkreis, gegen den sich die Vorurteile richten. Sie können dazu führen, dass Personen bzw. Gruppen zu Sündenböcken gemacht, diskriminiert, körperlich attackiert oder gar vernichtet werden.

2 Besprecht mit eurem Lehrer oder eurer Lehrerin die Textstellen, die ihr nicht verstanden habt.

4 Wie verhalten sich Menschen, die Vorurteile haben? Kreuze die drei richtigen Aussagen an.

a) **Sie denken darüber nach, ob ihre Vorurteile den anderen Menschen gegenüber berechtigt sind.**
b) **Sie glauben, dass Menschen, die sich negativ verhalten haben, das immer wieder tun.**
c) **Sie sehen Menschen, die sie mögen, positiver als sie wirklich sind.**
d) **Sie diskutieren mit den anderen Menschen über ihr Verhalten.**
e) **Sie können andere Menschen zu Sündenböcken machen, angreifen oder sogar vernichten.**

→ Parallelgedichte schreiben

1 Lies das Gedicht.

auf dem fahrrad

heute ist ein tag
da könnte man
in eine birke beißen

4 da möchte man
den blumen die köpfe abreißen

da reißt man den mund auf
damit die sonne
8 nach innen scheint

vor lauter glück
(vor lauter glück)

(Annemarie Zornack)

2 In diesem Gedicht herrscht eine richtig gute Stimmung.
- Wo befindet sich das lyrische Ich?
- Wie fühlt es sich?

_____
_____
_____
_____
_____

3 Heute ist **dein** Tag. Stell dir vor, du sitzt auf deinem Fahrrad. Wie fühlst du dich?
- Schreibe ein Parallelgedicht zum Gedicht „auf dem fahrrad", in dem du deine Gefühle zum Ausdruck bringst.
- Du kannst aus den Vorschlägen auf Seite 72 wählen oder eigene Ideen aufschreiben.
- Behalte in jedem Fall den Aufbau des Originalgedichtes bei.
  Dazu gehört auch, dass du die Nomen (wie in dem Originalgedicht) kleinschreibst.

Vorschläge:

ganz viele purzelbäume schlagen
im wald herumspringen
die ganze welt umarmen

vor glück laut schreien
mir die haare filzig strubbeln
mit allen freunden feiern

redet man wie ein wasserfall
tanzt man wie wild
lächelt man übers ganze gesicht

die worte
die tanzlust
das strahlen

überall gehört werden
auf alle übergeht
alle erfasst

freude
spaß
zufriedenheit

auf meinem fahrrad

_____ (Verfasser)

heute ist mein tag
da könnte ich

_____

da möchte ich

_____

da _____

damit _____

_____

vor lauter _____

(vor lauter _____)

4 Lies das folgende Gedicht.

Mein wildester Traum

Eines Tages
fahre ich mit einer Harley
übern Highway

4 Amerika von Nord nach Süd

Schwarzer Klang
unter blitzendem Chrom

Feeling – Fernweh – Freiheit – Leben

8 Mein wildester Traum
mit einer Harley übern Highway

Eines Tages …

(André Jodeit – Schüler)

5 Wovon handelt das Gedicht?

_____

_____

_____

6 Welche Gefühle und Sehnsüchte hat das lyrische Ich?

_____

_____

7 Schreibe ein **Parallelgedicht** zu dem Gedicht „Mein wildester Traum".
- Du kannst die Überschrift beibehalten oder dir eine eigene ausdenken, z. B.:
  Mein sehnlichster Wunsch,
  Meine größte Hoffnung,
  Meine blühende Zukunft …
- Achte darauf, dass bei deinem Parallelgedicht die Anzahl der Strophen und Verse dem Originalgedicht entspricht.

Mein _____

von _____

Eines Tages

_____

_____

_____

_____

_____

_____

Eines Tages …

→ Eine Parabel erschließen und deuten

Diese Parabel von Bertolt Brecht handelt von Herrn Keuner.
Er geht durch das Watt spazieren, als plötzlich die Flut kommt.
Da bleibt er stehen und wartet im Wasser voller Hoffnung
auf einen Kahn, der ihn retten soll.
Erst als ihm das Wasser bis zum Kinn steht, hört er auf zu warten
und schwimmt los.

1 Lies dir nun die Geschichte von Herrn Keuner aufmerksam durch.

Herr Keuner und die Flut

 Herr Keuner ging durch ein Tal, als er plötzlich bemerkte, daß seine Füße in Wasser gingen.

 Da erkannte er, daß sein Tal in Wirklichkeit ein Meeresarm war und daß die Zeit der Flut herannahte.

 Er blieb sofort stehen, um sich nach einem Kahn umzusehen, und solange er auf einen Kahn hoffte, blieb er stehen.

 Als aber kein Kahn in Sicht kam, gab er diese Hoffnung auf und hoffte, daß das Wasser nicht mehr steigen möchte.

 Erst als ihm das Wasser bis ans Kinn ging, gab er auch diese Hoffnung auf und schwamm.

 Er hatte erkannt, daß er selber der Kahn war.

(Bertolt Brecht)

2 Notiere hier zunächst einmal deine Gedanken, die dir nach dem
ersten Lesen durch den Kopf gehen.
Auch Fragen, die dich beschäftigen, kannst du hier aufschreiben.

_____

_____

_____

3 Finde heraus, zu welchem Abschnitt der Geschichte die folgenden Sätze passen.
Ordne hier die passenden Buchstaben A – F dem richtigen Kästchen zu.
Schau dazu noch einmal in den Text auf Seite 75.

☐ Herr Keuner wartet vergeblich auf einen Kahn.
Er hofft, dass das Wasser nicht weiter steigt.

☐ Am Ende merkt er, dass er sich aus eigener Kraft helfen kann
und auf niemanden warten muss.

☐ Herr Keuner stellt fest, dass er im Watt spazieren geht
und die Flut schon ganz viel Wasser herangespült hat.
Immer mehr Wasser kommt auf ihn zu.

☐ Herr Keuner geht ganz gemütlich spazieren,
als plötzlich seine Füße nass werden.

☐ Herr Keuner wartet und hofft, dass ein Kahn kommt,
um ihn zu retten.

☐ Das Wasser geht ihm bis zum Kinn. Er will nicht ertrinken
und fängt an zu schwimmen.

4 Worauf hofft Herr Keuner eigentlich in der Geschichte?
Und wie verändert sich seine Hoffnung im Verlauf der Handlung?
Beantworte dazu die beiden folgenden Fragen.

a) Herr Keuner bemerkt, dass die Flut kommt. Worauf hofft er zunächst?

_____

_____

b) Worauf richtet er seine Hoffnung, als niemand kommt, um ihn zu retten?

_____

_____

5 Herr Keuner muss zum Schluss seine Hoffnung auf Hilfe von außen aufgeben.
Vermute einmal, warum er erst im letzten Moment losschwimmt.
Kreuze an, welche beiden Erklärungen passen.

- a) Herr Keuner wartet lieber darauf, dass andere das Problem für ihn lösen, als selbst tätig zu werden.
- b) Herr Keuner unterschätzt die Gefahr, in der er sich befindet.
- c) Herr Keuner kann nicht schwimmen.

6 Herr Keuner rettet sich am Ende selbst. Er erkennt, dass er selbst sein rettender Kahn ist. Schreibe in die Sprechblase, was Herr Keuner wohl denkt, als er sich aus eigener Kraft aus der Notlage befreit.

7 Was hat Herr Keuner für sich selbst aus dieser Geschichte vielleicht für die Zukunft gelernt? Schreibe deine Ideen dazu auf.

Parabel

Eine **Parabel** ist eine kurze Erzählung, die belehren soll.
Als in sich geschlossene Geschichte berichtet sie von einem Ereignis, das anschaulich dargestellt wird. Der Leser soll die Lehre daraus auch auf andere Situationen übertragen können.

→ Einen Text mit Hilfe von Leitfragen erschließen

1 Lies dir zunächst den ersten Teil des Textes in Ruhe durch.

Der Freund

Er ist mein erster richtiger Freund gewesen. Das ist lange her. Immer hat er sich gefreut, wenn er mich gesehen hat. Manchmal hat er sich aufgeführt, als hätte er nicht alle. Dann ist er wie ein Verrückter hin und her gerannt, und
5 umgekehrt. Er ist an mir hochgesprungen und hat mich küssen wollen. Das hab ich aber nicht gewollt, und deshalb hab ich ganz laut pfui gerufen. Das hat er verstanden, mein haariger Freund, und hat sich getrollt und hat dabei seinen großen Kopf ganz traurig hängen lassen. Bestimmt
10 hätte er auch den Schwanz eingezogen, wenn er noch einen gehabt hätte. Den hat man ihm, weil das damals die Mode war, einfach abgeschnitten. Deshalb hat er auch nicht vor Freude damit wedeln können. Aber ich hab immer verstanden, was er mir mit seinem kleinen Stummel
15 hat sagen wollen.
Wurzel war ein richtiger Freund. Er war der Boxerhund von meinem Großvater. Ich hab nie erfahren, wieso man ihn Wurzel gerufen hat. Er konnte gar nicht anders heißen, Punkt. Das war aber eigentlich nicht sein richtiger Name.
20 Eine amerikanische Familie hatte ihn nicht mitnehmen wollen, als sie nach Amerika zurückgegangen ist. Und da haben sie den Wurzel, der bis dahin auf Dexter gehört hat, einfach verkauft. Vielleicht hat er deshalb ein wenig traurig aus seinen braunen Augen geguckt. Vielleicht aber auch
25 nicht, vielleicht gucken alle Boxer so.

2 Wie ist Wurzel in diese Familie gekommen?

_____
_____
_____
_____

3 Lies nun den nächsten Teil der Geschichte.

Wenn ich so richtig traurig war, und das ist schon mal vorgekommen, dann hab ich mich zu ihm auf den Boden gelegt und meinen Kopf an seinen Hals geschmiegt. Ich muss dir was erzählen, hab ich dann gesagt, und der
30 Wurzel hat die Ohren gespitzt und mir zugehört. Jetzt war es aber so, dass er immer die Ohren spitzte, auch wenn er müde war vom vielen Rennen oder vom vielen Fressen, und das kam davon, dass man dem armen Kerl nicht nur seinen Schwanz abgemacht hat, sondern auch seine
35 Ohren spitz zugeschnitten. Das war halt so Mode damals. Und keiner hat den Wurzel gefragt, ob er das haben möchte. Jedenfalls hat er mir immer geduldig zugehört, manchmal ist er dabei sogar eingeschlafen, so geduldig ist er gewesen. Das hab ich daran gemerkt, dass er dann träumte
40 und auf Hasenjagd gegangen ist, dann hat er richtig seine Beine bewegt, dann hab ich aufgehört zu erzählen. Dann hab ich ihn hinters Ohr geküsst, weil sein Fell da am zartesten war, und schön warm war es auch, und es hat so gut nach ihm gerochen.

4 Der Hund hat eine besondere Bedeutung für den Jungen. Beschreibe sie mit deinen Worten.

_____
_____
_____
_____

5 Lies nun weiter.

45 Man konnte richtig mit ihm kämpfen. Und der Wurzel war stark, mit seiner breiten Brust mit dem großen weißen Fleck hat er mich oft umgeschmissen und sich dann als Sieger auf mich gelegt.
Manchmal hab ich auch eine Wurst für ihn geklaut. Die hab
50 ich dann ganz hoch in die Luft gehalten, damit er sich anstrengen musste, und ich hab mich dabei ganz schnell um

mich selbst gedreht, dass uns beiden schön schwindelig wurde. Einmal war er danach so aufgeregt, dass er die Wurst ganz hinuntergeschluckt hat. Dann hat er die
55 Augen verdreht und die Wurst genauso ganz wieder herausgewürgt.

Am liebsten aber hat er Kirschen gefressen. Ich bin auf dem Baum gesessen und hab ihm die Kirschen zugeworfen, die er immer mit dem Maul aufgeschnappt hat. Ein
60 Boxerhund, der Kirschen frisst, das hat die Welt noch nicht gesehen. Aber das war nicht alles, er hat dabei ganz komische Bewegungen gemacht, mit dem Maul, mit dem Kopf, sogar sein ganzer Körper war am Kauen beteiligt, und das Größte, er hat die Kerne mit der Zunge herausgespuckt,
65 na ja, spucken kann ein Hund wohl nicht, jedenfalls hat er die Kerne fein säuberlich irgendwie aus seinem Maul herausgebracht. Es war zum Totlachen. Und natürlich hat der Wurzel auch gelacht, das hab ich aber keinem erzählt, sonst hätte der mich ausgelacht. Ein Hund, der lacht, das
70 ist ja zum Lachen!

6 Wurzel macht ganz ungewöhnliche Dinge. Schreibe sie auf.

_____

_____

_____

_____

7 Lies, wie es weitergeht.

Boxerhunde, das weiß man, sind mutige Tiere, aber auch die Mutigsten haben manchmal Angst. Das war auch bei unserem Wurzel nicht anders. Er ist immer durchgedreht, wenn ein Gewitter war oder Silvester. Silvester ist
75 ja Gott sei Dank nur einmal im Jahr, aber Gewitter gibt's das ganze Jahr über, vor allem im Sommer. Wenn man ihn dann nicht rechtzeitig einsperrte, war er verschwunden, bis es wieder ruhig war. Niemand wusste, wohin er in seiner Angst gerannt war. Deshalb bin ich ihm einmal bei
80 einem Gewitter nachgeschlichen. Und wo ist er hin?

Zum Kirschbaum, weit draußen vor dem Dorf. Da hat er sich an den Stamm gedrückt und furchtbar gezittert. Da hab ich mich ganz fest an ihn gedrückt, und wir haben gemeinsam gezittert vor Angst und weil der Regen uns bis
85 auf die Knochen durchgeweicht hat.
In derselben Nacht bekam ich eine Tracht Prügel, die sich gewaschen hatte, und am nächsten Morgen eine Erkältung, die eine Woche dauerte. Wenigstens hat der Wurzel dann wieder in mein Zimmer kommen dürfen. Da war alles
90 nur noch halb so schlimm.

8 Wurzel ist eigentlich ein mutiger Hund. Aber es gibt auch Situationen, in denen er Angst hat. Was macht Wurzel dann?

_____
_____
_____
_____
_____

9 Wie erging es den beiden wohl am nächsten Tag nach dem Erlebnis am Kirschbaum?

_____
_____
_____
_____
_____

10 Lies nun den Schluss der Geschichte.

Und dann kam der Tag, an dem der Großvater mich in sein Büro rief. An der Tür hing das Schild ‚Nicht stören!', das hing immer da, wenn er wichtige Verhandlungen mit anderen Geschäftsleuten hatte. Er legte seine schwere Hand
95 auf meine Schulter. Der Wurzel ist tot. Er hat zum Kirschbaum gewollt. Du weißt, es war ein Gewitter. Ein Auto …

In meinem Kopf drehte sich alles, ich weinte am Bauch
des Großvaters, dann riss ich mich los.
Komm, bleib da. Wir gehen zusammen auf den Turmberg,
100 da können wir ganz weit über das Land sehen.
Ich hab mich in mein Zimmer eingeschlossen und die
wenigen Fotos angeguckt, die man von meinem Wurzel
gemacht hatte.
Und hab geweint und gelacht und geweint.

(Rainer Wedler)

11 Nun kennst du die ganze Geschichte von Wurzel, dem Freund.
Welche Gedanken und Gefühle gehen dir jetzt durch den Kopf?

_____
_____

12 Wie alt war wohl der Erzähler, als er die Geschichte erlebt hat?
Schau dazu noch einmal an den Textanfang.

_____
_____

13 Am Schluss heißt es: „Und hab geweint und gelacht und geweint."
Wie erklärst du dir das?

_____
_____
_____
_____
_____

14 Hast du selbst schon einmal etwas Besonderes mit einem Tier erlebt?
Dann kannst du vielleicht selbst eine kleine Geschichte schreiben.

→ Wörter mit h

Das Dehnungs-h

Es gibt Wörter, in denen ein **h** vor den Buchstaben **l, m, n, r** vorkommt:
füh-len, neh-men, ah-nen, fah-ren.

Dieses **h** kann man nicht hören. Es zeigt nur an, dass der Vokal davor lang ist.

Das silbentrennende h

Es gibt Wörter, in denen das **h** zwischen zwei Vokalen steht:
se-hen, flie-hen, Schu-he, na-he.

Dieses **h** kann man beim Sprechen als gehauchten Laut hören.

1 Hier sind die wichtigsten Wörter mit Dehnungs-h, die du beim Schreiben immer wieder einmal gebrauchst. Markiere die Wörter, die du dir unbedingt merken möchtest, weil du sie manchmal falsch schreibst. Schreibe sie rechts noch einmal auf und suche verwandte Wörter dazu.

Wörter mit Dehnungs-h	
ähnlich	nehmen
Ausnahme	ohne
Bahn	Ohr
befehlen	prahlen
berühmt	Rahmen
berühren	Sahne
bezahlen	sehr
Diebstahl	Sohle
dröhnen	Sohn
ermahnen	Strahl
ernähren	stehlen
fahren	stöhnen
fehlen	strahlen
Föhn	Stuhl
fühlen	verwöhnen
führen	wahr
gähnen	während
gefährlich	wehren
Gefühl	wohl
gewöhnen	wohnen
hohl	Wohnung
Jahr	wühlen
kehren	zählen
lahm	Zahl
Lehrer	zahm
mehr	zehn

befehlen, befiehlt, befohlen, Befehl

2 Hier sind die wichtigsten Wörter mit silbentrennendem **h**.
Markiere die Wörter, die du dir merken möchtest. Schreibe sie daneben noch einmal auf. Suche verwandte Wörter dazu.

Wörter mit silbentrennendem h		blühen, geblüht, verblüht, aber: die Blüte
beinahe	leihen	
bemühen	Mühe	
blühen	nahe	
Brühe	nähen	
drehen	Reihe	
drohen	roh	
ehe	ruhen	
fähig	sehen	
froh	stehen	
früh	verstehen	
gehen	Verzeihung	
geschehen	weh	
glühen	zäh	
höher	Zehe	

3 Hier sind Wörter ohne **h**, die oft falsch geschrieben werden.
Markiere die Wörter, die du dir merken willst.
Schreibe sie daneben noch einmal auf. Suche verwandte Wörter dazu.

Wörter ohne h, die oft falsch geschrieben werden		erklären, Erklärung, klar,
beschweren	Schnur	
erklären	schon	
geboren	schwer	
gehören	schwül	
holen	sparen	
hören	spülen	
Kram	spüren	
nämlich	stören	
Plan	Träne	
Schale	verschonen	
sich schämen	wenig	
Schere	zwar	
schmal		

→ Wörter mit ss und ß

Wörter mit ss
Zwischen zwei **kurzen** Vokalen wird **ss** geschrieben: müssen, fassen, essen, lassen ...

In **verwandten** Formen des Wortes bleibt das **ss** erhalten: muss, fasste, gegessen, gelassen ...

Wenn aber der Vokal davor lang ist, schreibt man ß: aß, aßen, ließ, ließen ..

Wörter mit ß
Nach **langem** Vokal wird **ß** geschrieben: stoßen, grüßen, beißen, fließen ...

In **verwandten** Formen des Wortes bleibt das **ß** erhalten: stößt, grüßt, beißt, fließt ...

Wenn aber der Vokal davor kurz ist, schreibt man **ss**: biss, gebissen, lässt, gelassen ...

1 Schreibe zu jedem Verb die Formen im Präsens, Präteritum und Perfekt auf:
isst, aß, gegessen – beißt, biss, gebissen ...

Die zehn wichtigsten Verben mit ss:

essen

fassen

küssen

lassen

messen

müssen

passen

vergessen

vermissen

wissen

Die zehn wichtigsten Verben mit ß:

beißen

fließen

genießen

gießen

grüßen

heißen

reißen

schießen

schließen

stoßen

GASSE STRASSE SOSSE SPASS SCHÜSSE FLUSS GRÜSSE KLÖSSE

2 Unter den Großbuchstaben gibt es kein **ß**. Deswegen sind die Wörter hier alle mit **ss** geschrieben. Schreibe die Wörter in normaler Schrift richtig auf.

→ Wörter mit s, ss und ß

1 Es gibt einige Wörter, die immer wieder falsch geschrieben werden, weil sie mit ähnlichen Wörtern verwechselt werden, zum Beispiel: **raus** mit **draußen**. Baue die Wörter in kurze Sätze ein:
Heute ist es kalt draußen. ...

draußen

hinaus

außer

raus

lies!

sie ließ

du weißt

er weist

sie reist

es reißt

meistens

er hasst

du hast

hastig

es floss

das Floß

bis

er biss

2 Namen richten sich nicht immer nach der heutigen Rechtschreibung. Unterstreiche die Namen, die auch nach heutiger Rechtschreibung richtig geschrieben sind. Schreibe die anderen in heutiger Rechtschreibung auf.
Maassen   Kassel   Faßberg   Weissenberg   Straußenberg   Räussig   Nußbaum

→ Rechtschreiblesen

1 Im folgenden Text kommt eine Reihe von Wörtern mit **s**, **ss**, und **ß** vor. Markiere diese Wörter und schreibe sie noch einmal am Rand auf.

Tipp:
Markiere vor allem die Wörter, die du dir merken möchtest – und **nicht** die kleinen Wörter *das, dass, ist,* es usw.

Wie sehen wir die Welt?

Die meisten Deutschen haben ein recht düsteres Bild von der Zukunft. Fast drei Viertel von ihnen meinen, dass es den Menschen in den Entwicklungsländern
5 immer schlechter geht. Neun von zehn sind der Ansicht, dass unsere Umwelt immer mehr verschmutzt. Die Wahrheit ist aber: Der Welt geht es so gut wie nie zuvor. Dennoch weiß jede Nachrichten-
10 sendung über Missstände zu berichten. Nur selten weist eine Schlagzeile darauf hin, dass wir heute gesünder sind und länger leben als noch vor 40 Jahren. Auch die Umwelt ist so sauber wie
15 lange nicht mehr. Obwohl nicht alle im gleichen Maße davon profitieren, geht die Entwicklung für die Masse der Menschen also in eine positive Richtung. Aber warum sieht der Mensch die Welt
20 dann trotzdem so düster? Nach neuesten Untersuchungen schneidet die Gegenwart im Vergleich mit der Vergangenheit immer recht schlecht ab. Unser Gehirn erfasst negative Ein-
25 drücke deutlicher und gibt ihnen mehr Bedeutung als positiven. Das liegt wahrscheinlich an unserer Menschheitsgeschichte. Unsere weisen Urväter richteten ihre Aufmerksamkeit stärker
30 auf das Gefährliche. Dadurch hatten sie bessere Möglichkeiten zu überleben. Zusätzlich verstärken die Medien diesen Eindruck maßlos, sodass wir die Gegenwart schlechter sehen, als sie ist.

→ Groß- und Kleinschreibung 1

Zeitangaben

Tageszeiten werden **großgeschrieben**, wenn sie nach Adverbien wie **heute**, **gestern**, **morgen** … stehen:
heute Abend, **morgen** Nachmittag …

Zeitangaben mit den Endungen **-s** und **-lich** werden **kleingeschrieben**:
morgen**s**, dienstag**s**, monat**lich**, alltäg**lich** …

Stehen solche Zeitangaben mit den Artikeln **eines**, **das**, **des** nach Adjektiven oder nach **am**, werden sie **großgeschrieben**:
eines Morgens, **am** Abend, **nächste** Woche …

Nominalisierte Verben

Die Infinitive von Verben können als **Nomen** verwendet werden. Dann stehen sie mit einem **Artikel**, einem **Adjektiv** oder mit **zum**, **beim**, **am**, **im**, **mit** …:
das Rechnen, **lautes** Sprechen, **zum** Verwechseln ähnlich …

1 Schreibe in die Zeilen die Wörter in Groß- oder Kleinschreibung hinein. Die im Kasten unterstrichenen Signale für Groß- und Kleinschreibung sind in den folgenden Sätzen markiert.

Er wird sie HEUTE ABEND _____ wieder abholen.

Die beiden gehen nämlich DIENSTAGS _____ immer zum

Training. Das machen sie WÖCHENTLICH _____

einmal. Dann kommen sie erst spät ABENDS _____ nach

Hause. Doch eines ABENDS _____ konnte sie nicht lange

trainieren. Sie hatte sich nämlich beim LAUFEN _____ den

Fuß verknackst. Der Fuß tat ihr zum HEULEN _____ weh.

Wahrscheinlich muss sie MORGEN VORMITTAG _____

_____ zum Arzt. Dann ist es NÄCHSTE WOCHE

_____ mit dem Spaß erst einmal vorbei.

Aber ihr Freund wird sie TÄGLICH _____ besuchen.

Und nach kurzer ZEIT _____ wird sie wieder trainieren können.

→ Groß- und Kleinschreibung 2

Nominalisierte Adjektive und Partizipien
Adjektive können als Nomen verwendet werden. Dann stehen sie mit einem **Artikel** oder Wörtern wie **alles**, **etwas**, **nichts**, **viel** ...
und erhalten eine Endung wie **-e** oder **-es**:
das Folgend**e**, **nichts** Neu**es**, **etwas** Gut**es**, **etwas** Besonder**es** ...

Gesteigerte Adjektive
Superlative werden **großgeschrieben**, wenn man sie mit **wer/was** erfragen kann:
Sie ist (was?) die Beste in der Klasse.
Superlative werden **kleingeschrieben**, wenn man sie mit **wie** erfragen kann:
Mir gefällt diese Musik (wie?) **am besten**.

M

1 Schreibe in die Zeilen die Wörter in Groß- oder Kleinschreibung hinein.

Der Stützverband bedeutete nichts GUTES _____ für Leas Training.

Ihr Freund hat ihr zum Trost etwas SCHÖNES _____ mitgebracht.

Es gibt nichts BESSERES _____ als einen guten Freund.

Das hat etwas TRÖSTLICHES _____ in einer solchen

Situation. Seine aufmunternden Worte waren wirklich etwas BESONDERES

_____. Unterstützung von einem Freund ist

einfach das BESTE _____.

Aber am BESTEN _____ ist, man wird bald wieder gesund!

2 Schreibe mit den folgenden Wörtern jeweils einen kurzen Satz auf.
Achte darauf, dass das Wort einmal groß- und einmal kleingeschrieben wird.

als Nächstes: _____

nächstes Mal: _____

das Schönste: _____

am schönsten: _____

die Beste: _____

am besten: _____

3 Schreibe den Witz, in dem (bis auf die Satzanfänge) alles kleingeschrieben ist, richtig auf.
Die Signale für Groß- und Kleinschreibung sind markiert!

Pitt geht freitagabends immer mit großem vergnügen ins kino.
An der kasse verlangt er wie gewöhnlich mit großer selbstverständlichkeit eine kinokarte. Da sagt der verkäufer mit einigem bedauern: „Das kino ist bis auf den letzten platz leider ausverkauft." Pitt antwortet: „Das macht mir nicht das geringste aus. Dann geben sie mir eben den!"

4 Markiere im folgenden Witz erst einmal alle elf Nomen. Schreibe den Witz dann richtig auf.

Am letzten sonntag beobachteten zwei tauben mit großem staunen, wie ein düsenjäger mit langem kondensstreifen über den himmel zischte. Da meinte die eine taube: „Der hat aber große eile!" Die andere taube antwortete: „Was würdest du denn an seiner stelle machen, wenn dir der hintern qualmt?"

→ Getrennt- und Zusammenschreibung: Kleine Wörter

Ich habe **só lánge** auf dich gewartet.
Ich war unruhig, **solange** ich auf dich warten musste.

> **Kleine Wörter**
>
> Kleine Wörter wie **seit/dem, nach/dem, so/wie, in/dem, so/lange, so/bald** werden **manchmal getrennt** und **manchmal zusammengeschrieben**.
>
> Handelt es sich um **zwei Wörter**, die man **einzeln betonen** kann, so schreibt man getrennt:
> seit dem letzten Wochenende – nach dem Essen – so wie du aussiehst –
> ich bin schon so lange wieder da …
>
> Handelt es sich um ein **zusammengehöriges Wort** (Konjunktion), das zwei Sätze verbindet, so schreibt man zusammen:
> Ich kann wieder trainieren, seitdem ich gesund bin. – Ich komme, solange du da bist.

1 In den folgenden Sätzen werden die kleinen Wörter jeweils einmal getrennt und einmal zusammengeschrieben.
Schreibe sie in die Zeilen hinein. Beachte die Informationen im Kasten oben.

Ich sehe dich **so/bald** _____ nicht wieder.

Ich komme, **so/bald** _____ ich es einrichten kann.

Ich verhindere das, **so/lange** _____ ich es kann.

Ich musste **so/lange** _____ an der Kasse warten.

Im Internet kann man **so/viel** _____ Interessantes finden.

Doch **so/viel** _____ ich weiß, muss man das auch gut kontrollieren.

In/dem _____ wir lachen, zeigen wir unsere Freude.

In/dem _____ Augenblick war ich glücklich.

Nach/dem _____ Konzert bekam die Sängerin großen Applaus.

Nach/dem _____ sie die Bühne verlassen hatte, gab sie Autogramme.

So/weit _____ ich dich kenne, bleibst du lieber zu Hause.

Du möchtest sicher nicht **so/weit** _____ zu Fuß gehen.

So/wie _____ du möchte ich auch singen können.

So/wie _____ ich mit den Hausaufgaben fertig bin, besuche ich dich.

→ Getrennt- und Zusammenschreibung von Nomen und Verb

Getrennt- und Zusammenschreibung von Nomen und Verb

Nomen und Verb werden in der Regel **getrennt** geschrieben:
Klavier spielen, Auto fahren, Kuchen backen …

Manche **feste Verbindungen** schreibt man **zusammen**: kopfstehen, teilnehmen, eislaufen …

Verb und Verb werden grundsätzlich **getrennt** geschrieben: stehen bleiben, laufen lernen …

Manche **feste Verbindungen** können **getrennt oder zusammengeschrieben** werden:
kennenlernen / kennen lernen – Sie hatte das Glück, ihn kennenzulernen / kennen zu lernen.

Werden solche Verbindungen **nominalisiert**, schreibt man sie **zusammen** und **groß**:
beim Klavierspielen, beim Kennenlernen …

1 Schreibe die folgenden Wortfügungen richtig auf. Dabei sind eine Reihe Wortfügungen im Infinitiv mit **zu**, die besonders häufig falsch geschrieben werden. Orientiere dich an den Regeln im Kasten.

Sie war entschlossen, sich von dem Geld einen _____.
　　　　　　　　　　　　　　　　　　　　　　　　　TEIL/ZU/NEHMEN

Er hatte keine Lust, an der Veranstaltung _____.
　　　　　　　　　　　　　　　　　　　　　　　TEIL/ZU/NEHMEN

Es machte ihm Spaß, auf dem _____.
　　　　　　　　　　　　　　　　　KOPF/ZU/STEHEN

Es machte ihm Spaß, _____.
　　　　　　　　　　　　　　KOPF/ZU/STEHEN

Im _____ war er immer schlecht.
　　　KOPF/RECHNEN

Er konnte das nicht im _____.
　　　　　　　　　　　　　KOPF/RECHNEN

Sie konnte sehr gut _____.
　　　　　　　　　　　KLAVIER/SPIELEN

Im _____ war sie besonders gut.
　　　KLAVIER/SPIELEN

Sie hatte das Glück, ihn _____.
　　　　　　　　　　　　　　　KENNEN/ZU/LERNEN

Beim ersten _____ hatte sie sich in ihn verliebt.
　　　　　　　KENNEN/LERNEN

Er hatte heute vor, _____.
　　　　　　　　　　　　EIS/ZU/LAUFEN

Und sie hatte vor, lieber ein _____.
　　　　　　　　　　　　　　　　　EIS/ZU/ESSEN

Die eine liebt das _____, der andere das _____.
　　　　　　　　　　EIS/ESSEN　　　　　　　　　　　　　　　　EIS/LAUFEN

→ Getrennt- und Zusammenschreibung

Getrennt- und Zusammenschreibung

Wörter wie **über, darüber, durch, zusammen** werden mit Verben in der Regel **zusammengeschrieben**: übersetzen, darüberschreiben, durchhalten …
Du musst das richtige Wort darüberschreiben.

Sind Adverb und Verb **gleich betont**, schreibt man **getrennt**:
Du musst mir unbedingt etwas darüber schreiben.

Adjektive und **Verben** werden **getrennt** geschrieben:
etwas falsch machen, rot anstreichen, scharf einstellen, sich warm laufen …

Als **Nomen** werden solche Verbindungen **groß-** und **zusammengeschrieben**:
Beim Übersetzen hatte sie keine Probleme.

1 Schreibe die folgenden Wortfügungen richtig auf.
Im Zweifelsfall schau im Wörterbuch nach.

Was hast du so erlebt? Kannst du mir etwas _____?
DARÜBER/SCHREIBEN

Du hast etwas _____?
FALSCH/GEMACHT

Dann musst du das falsche Wort _____
DURCH/STREICHEN

und das richtige Wort _____.
DARÜBER/SCHREIBEN

Es macht Sinn, manche Wörter _____.
ZUSAMMEN/ZU/SCHREIBEN

Wir müssen noch das Protokoll _____.
ZUSAMMEN/SCHREIBEN

Sie hat ihr Referat ganz _____.
FREI/GESPROCHEN

Der Richter hat den Angeklagten _____.
FREI/GESPROCHEN

Er wollte sich beim Training erst noch _____.
WARM/LAUFEN

Da bekam er beim _____ einen Muskelfaserriss.
WARM/LAUFEN

Du musst nicht immer so _____!
KLEIN/SCHREIBEN

Dein _____ kann man kaum lesen.
KLEIN/GESCHRIEBENES

So kann ich deinen Text dann nicht _____.
ÜBER/SETZEN

→ Die Wörter das und dass

das oder dass?

Das Wort **das** kann einen **Nebensatz** einleiten, der sich auf ein **vorausgehendes Nomen** bezieht. Dann kann man es durch **welches** ersetzen:
Wir freuen uns auf das Spiel, → das (welches) morgen über die Bühne geht.

Das Wort **das** kann auch **auf etwas nachdrücklich hinweisen**. Dann kann man es durch **dies** oder **dieses** ersetzen:
Ich glaube, das (dies) gewinnen wir ganz bestimmt.

Das Wort **dass** leitet einen **Nebensatz** ein, der sich auf ein **vorausgehendes Verb** bezieht:
Ich kann mir nicht vorstellen, → dass wir es verlieren.

Die wichtigsten **Signale** für **dass** sind die Verben des Sagens, Glaubens, Denkens und Fühlens – und die davon abgeleiteten Nomen:
Ich hoffe, → dass alles gut geht.
Ich habe die Hoffnung, → dass alles gut geht.

1 Setze in die Lücken **das** oder **dass** ein.

Pia fragte mich nach dem Buch, _____ (welches) sie mir geliehen hatte.

Ich sagte, _____ (dies) hätte ich ziemlich langweilig gefunden.

Sie meinte, _____ ich es wohl nicht richtig verstanden hätte.

Ich dachte: _____ (dies) ist typisch Pia!

Ich weiß ja, _____ sie mir immer so hinterhältige Vorwürfe macht!

Aber ich antwortete nur, _____ (dies) könne man so nicht sagen.

Es sei einfach so, _____ mich das Thema nicht interessiert.

Jedenfalls habe ich ihr _____ (dieses) langweilige Buch zurückgegeben.

2 Setze in die Lücken dieses witzigen Textes **das** oder **dass** ein:

D____ Kind soll sich in d____ Auto setzen, d____ (welches) am Straßenrand steht. D____ (dies) will es aber nicht. Es haut mit den Fäusten auf d____ Blech, d____ es nur so scheppert. Eine Frau sieht d____ (dies) und fragt die Mutter: „Darf d____ d____?" Die Mutter hört sich d____ an, sagt aber nichts. Da schüttelt die Frau mit dem Kopf und sagt: „D____ d____ (es) d____ (dies) darf!"

3 Verbinde die folgenden Sätze jeweils mit das oder dass.
Bei den Zeilen, die unter den Sätzen stehen, musst du das in Klammern stehende **dies/dieses/welches** in **das** umformen.
Setze auch die Kommas ein.

Verregneter Ausflug

Der Wetterbericht sagte voraus _____.
　　　　　　　　　　　　　　　am Sonntag die Sonne scheint

John und Mary konnten nicht ahnen _____.
　　　　　　　　　　　　　　　die Vorhersage falsch war

Jeder weiß _____.
　　　　　(dies) kommt manchmal vor

Mary holte also ihr Rad heraus _____.
　　　　　　　　　　　　　(welches) im Keller stand

Sie holte John ab _____.
　　　　　　　　(dies) war so verabredet

Der hatte aber verschlafen _____.
　　　　　　　　　　　(dies) kommt auch manchmal vor

Doch dann fuhren sie auf das Wäldchen zu _____.
　　　　　　　　　　　　　　　　(welches) am Stadtrand lag

Dort aßen sie ihr Picknick _____.
　　　　　　　　　　　(welches) sie mitgebracht hatten

Gerade hatten sie alles so ausgebreitet _____.
　　　　　　　　　　　　　　　sie Appetit bekamen

Da hörten sie ein Donnern _____.
　　　　　　　　　　(dies) war aber noch sehr fern

Plötzlich wurde es so dunkel _____.
　　　　　　　　　　　sie alles wieder einpackten

Sie hatten aber nicht gedacht _____.
　　　　　　　　　　　　der Regen so schnell kommt

Der prasselte so heftig nieder _____.
　　　　　　　　　　　　sie völlig durchnässt wurden

Er pladderte in das Geschirr _____.
　　　　　　　　　　　(welches) auf dem Waldboden stand

John war so sauer _____.
　　　　　　　　er gegen die Tassen trat

Mary meinte aber _____.
　　　　　　　(dies) gehe sicher bald wieder vorüber

Doch die beiden akzeptierten _____.
　　　　　　　　　　　　ihre Fahrt ins Wasser gefallen war

Er glaube, sagte John _____.
　　　　　　　　　er besser im Bett geblieben wäre

→ Die Zeichen der wörtlichen Rede

Die Zeichen der wörtlichen Rede

Die **wörtliche Rede** besteht aus zwei Teilen:

a) dem **Redesatz**, in welchem steht, **was** einer sagt: Der Redesatz steht in **Anführungszeichen** vorn – und hinten nach dem Punkt, dem Frage- oder Ausrufezeichen:
„Ich habe im Lotto gewonnen." „Was du nicht sagst!"

b) dem **Begleitsatz**, in welchem steht, **wer** etwas sagt.
Nach dem **vorangestellten** Begleitsatz steht ein **Doppelpunkt**:
Paul sagte: „Ich habe im Lotto gewonnen."
Vor dem **nachgestellten** Begleitsatz steht ein **Komma**: „Was du nicht sagst!", rief Paula.

1 In dem folgenden Witz fehlen drei Kommas. Setze sie an den richtigen Stellen ein.

Niklas fährt freihändig auf der Straße. Ein Polizist hält ihn an und fragt: „Wie heißt du?"
„Niklas Meier" sagt Niklas. „Und dein Alter?" fragt der Polizist.
„Auch Meier" sagt Niklas.

2 In diesem Witz fehlen alle Anführungszeichen. Markiere erst die Redesätze.
Setze die Anführungszeichen an der richtigen Stelle ein.

Zwei Freunde sind mit dem Rad unterwegs. Nach einer Weile stoppt der eine
und lässt Luft aus dem Reifen.   Was soll das jetzt? , fragt der andere.
Der Sattel , sagt der eine,   ist mir ein bisschen zu hoch.

3 In den folgenden Witzen fehlen Punkt, Frage- und Ausrufezeichen.
Setze sie richtig ein.

Der Polizist fragte einen Verdächtigen: „Sind Sie der Typ, der den Kleinwagen geklaut hat "
„Aber nein ", ruft der Mann. „Sie können mich ruhig durchsuchen "

Müllers sitzen in der S-Bahn. „Sag mal", fragt Frau Müller, „fährt der Zug schon "
„Wie kannst du nur so dumm fragen ", ruft Herr Müller. „Die Deutsche Bahn trägt den Bahnhof gerade am Zug vorbei "

4 Im letzten Witz fehlen die Anführungszeichen, der Punkt,
das Ausrufezeichen und das Fragezeichen.

Der Kontrolleur im Bus sagt: Mein Junge, für ein Kindticket bist du schon
etwas zu groß   –   Na , erwidert der Junge,   und dann duzen Sie mich

→ Das Komma zwischen Hauptsatz und Nebensatz

Kommaregeln

1. Der nachgestellte Nebensatz wird vom **Hauptsatz** durch ein Komma getrennt:
Ich freue mich, dass du heute wieder zum Training erschienen bist.

2. Der vorausgestellte Nebensatz wird durch ein Komma vom **Hauptsatz** getrennt:
Dass du heute wieder zum Training erschienen bist, **darüber freue ich mich ganz besonders.**

3. Der eingeschobene Nebensatz wird durch zwei Kommas von **Hauptsatzanfang** und **Hauptsatzende** getrennt: **Ich würde mich aber,** wenn du gut spielst, **noch mehr freuen.**

4 Nebensätze werden untereinander durch Kommas voneinander getrennt:
Es ist sicher, dass alles gut geht, weil du wieder gesund bist, während andere nicht gut drauf sind.

1 Die folgenden Sätze sind nach den Regeln 1–4 gebildet. Setze die Kommas ein.

1) Ich komme morgen gegen halb vier wenn es möglich ist.
2) Wenn du willst   reiten wir dann ein bisschen auf der Pferdeweide herum.
3) Der Bus kann sich aber   wie es oft passiert   ein bisschen verspäten.
4) Ich denke aber   dass uns das Spaß machen wird   wenn nur das Wetter mitspielt.

2 Nach welchen Regeln sind die folgenden Sätze gebildet?
Trage die entsprechenden Ziffern aus dem Merkkasten oben hier ein.

_____ Wer andern eine Grube gräbt, fällt selbst hinein.
_____ Hunde, die bellen, beißen nicht.
_____ Man sollte wissen, wie man sich verhält, wenn man im Ausland ist.
_____ Der Krug geht so lange zum Brunnen, bis er bricht.

3 Bilde je einen Satz nach den Regeln 1–3 im Merkkasten oben:

1) _____

2) _____

3) _____

4 Setze in die folgenden Sätze die drei fehlenden Kommas ein:

Gestern Nachmittag war ich bei Sarah auf dem Dorf wo wir mit den Pferden ausgeritten sind was uns beiden viel Spaß gemacht hat. Als wir nach Hause kamen war ich noch bei ihr zum Essen eingeladen.

5 In dem folgenden Text fehlen 12 Kommas. Füge sie ein.

Alligatorschildkröte beißt Kind

Die Suche nach einer bissigen Schildkröte hat dafür gesorgt dass in einem See den Menschen jegliches Badevergnügen vergangen ist. Dort hat eine große Schildkröte bei der es sich wahrscheinlich um eine Alligator-Schildkröte handelt einen achtjährigen Jungen gebissen. Das Tier trennte dem Jungen eine Sehne am Fuß durch als er im
5 See badete. Obwohl seit Sonntag der See von der Feuerwehr gesperrt ist haben sich viele Schaulustige dort versammelt. Unklar ist noch ob es sich um eine Geier- oder eine Schnappschildkröte handelt. Diese Tiere gelten als sehr gefährlich. Experten hatten zunächst vermutet dass die Verletzung durch eine Glasscherbe verursacht wur-
10 de. Erst nach längerer Prüfung bestätigten sie dass die Verletzung mit hoher Wahrscheinlichkeit von einer Alligator-Schildkröte herrührt die sich im See befindet. Einige Leute wollen das Tier auch gesehen haben als sie im See schwammen. Wie die Schildkröte in den See kam ist noch unklar. Da sie vermutlich von ihrem Besitzer ausgesetzt
15 worden ist hat man nun Anzeige gegen ihn erstattet.

6 Hier noch einmal die letzten Sätze – aber etwas komplizierter.
Füge die Kommas ein.

Einige Leute wollen als sie im See schwammen das Tier auch gesehen haben. Es ist aber unklar wie die Schildkröte in den See gekommen ist. Man hat nun da die Schildkröte vermutlich ausgesetzt worden ist gegen den Besitzer Anzeige erstattet.

→ Das Komma in Infinitivsätzen

Infinitive mit zu

1. Es gibt **einfache** Infinitive mit **zu**, die von einem Hauptsatz abhängig sind:
   Er schaffte es (,) zu spielen.

2. Es gibt Infinitive mit **ohne zu, statt zu, anstatt zu, um zu, außer zu**:
   Er kam auf den Platz, um zu spielen.

3. Und es gibt **erweiterte** Infinitive:
   Er kam auf den Platz, um Tore zu schießen.

Einfache Infinitive **können** durch ein **Komma** abgetrennt werden.
Die **anderen** Infinitive **müssen** durch ein **Komma** abgetrennt werden.

4. Nach **Sätzen** mit **brauchen** und **scheinen** steht kein Komma:
   Das **scheint** der Mannschaft gut bekommen zu sein.

---

1 Ordne die folgenden Sätze den Regeln im Kasten zu.
Gib die Ziffern an. Füge fehlende Kommas ein.

Graffiti

a) _____ Sprayer sprühen ihren Schriftzug an Wände um aufzufallen.
b) _____ Es ist wie ein innerer Zwang für sie zu sprayen.
c) _____ Vielen Jugendlichen scheint das wichtig zu sein.
d) _____ Die meisten von ihnen tun das ohne sich um die Folgen zu kümmern.

2 Füge die fünf Kommas in den folgenden Text an den richtigen Stellen ein.

Die Polizei rät Hausbesitzern den Schaden möglichst schnell zu beseitigen. Die Ermittler haben manchmal die Möglichkeit den Täter beim Sprayen zu erwischen. Doch oft halten sie Wache ohne die Sprayer zu fassen. „Wir könnten jeden Tag 15 Stunden unterwegs sein um Gebäude und Busse zu bewachen", sagte ein Fahnder. „Die Sprayer scheinen Aufpasser zu haben. Außerdem sind die meisten von ihnen nicht imstande für den Schaden finanziell aufzukommen.

3 Bilde selbst einen Satz mit **um zu** oder **ohne zu**.

→ Satzzeichen einsetzen

1 In dem folgenden Text fehlen alle Satzeichen: die Kommas, die Ausrufe- und Fragezeichen sowie die Zeichen der wörtlichen Rede.
Lies dir den Text erst einmal durch.
Setze dann die Zeichen in den Text ein, die am Rand stehen.

Sexmus Ronny Müller

Wir möchten für unseren gestern geborenen Sohn den Namen „___",
Sexmus Ronny Müller eintragen lassen   sagte der Vater zur
Standesbeamtin. Die Frau sah den Vater kopfschüttelnd an.   Haben „___?",
Sie sich das auch gut überlegt   fragte sie.
5 Der Vater fragte   Ist denn der Name nicht in Ordnung : „___?"
Die Standesbeamtin machte den Vater darauf aufmerksam dass der ,
Name sehr außergewöhnlich sei. Sie müsse erst überprüfen ob sie ihn ,
zulassen könne.
Kommen Sie doch bitte in den nächsten Tagen noch einmal vorbei „___!"
10 Als der Vater am nächsten Tag in das Standesamt kam teilte ihm ,
die Beamtin mit dass sie den Namen genehmigen müsse. ,
Wieso **müssen** Sie das   fragte der Vater. „___?",
Die Beamtin sagte   Na ja, er ist zwar außergewöhnlich : „___.
Aber nach meinen Erkundigungen kann ich ihn leider nicht ablehnen
___."
15   Was heißt hier **leider**   rief der Vater. „___!",
Die Beamtin wandte ein   Manche Namen können nicht zugelassen : „___
werden wenn sie negativ behaftet sind. Sie sollten sich einmal ,
überlegen was andere Kinder Ihrem Jungen antun wenn sie seinen , ___,
Namen nur leicht verändern ___."
20 Der Vater kratzte sich am Kopf und sagte schließlich :
Dann nennen wir ihn eben ganz einfach Felix „___."
Das ist ein schöner Name   sagte die Beamtin. „___",
Der Vater fragte   Und was machen wir wenn es ein Pechvogel wird : „___,___?"
Der Name wird ihn sicher davor bewahren   sagte die Beamtin. „___",
25 Erleichtert trug sie den neuen Namen in die Geburtsurkunde ein.

→ **Wortarten**

Wortarten
Nomen:	Frau, Kind, Baum, Haus, Glück, Wut …
Artikel:	der, die, das, ein, eine.
Pronomen:	mein, dein, ihr, dieses, alle, manche …
Adjektive:	rund, groß, klug, lila …
Verben:	laufen, schlafen, sich langweilen …
Adverbien:	gestern, hier, gern …
Konjunktionen:	und, oder, denn, weil, sodass, wenn …
Präpositionen:	auf, unter, an, zu, wegen, unter …

1 Ordne die folgenden Wörter ein:
DIE – EINE – GÄHNEN – ICH – IMMER – IN – LANGEWEILE – LANGWEILIG – LUSTIG – MACHEN – MANCHMAL – MICH – ÜBER – WEIL – WENN – ZORN

2 Verben: _____

2 Nomen: _____

2 Artikel: _____

2 Pronomen: _____

2 Adjektive: _____

2 Adverbien: _____

2 Konjunktionen: _____

2 Präpositionen: _____

2 Schreibe mit einigen dieser Wörter einen sinnvollen Satz auf.

_____

_____

_____

→ Zeitformen

Die Zeitformen sind:

Präsens:	Diese Ferien <u>vergesse</u> ich nie.
Perfekt:	Ich <u>habe</u> sie bis heute nicht <u>vergessen</u>.
Präteritum:	Ich <u>vergaß</u> allerdings meine Sonnenbrille am Strand,
Plusquamperfekt:	die ich vor das Zelt <u>gelegt hatte</u>.
Futur I:	Ich <u>werde</u> diese Ferien nie <u>vergessen</u>.

1 Setze die Verben in den angegebenen Zeitformen in den Text ein.

Stau auf der Autobahn

Als wir aus den Ferien in Italien _____,
zurückkommen (Präteritum)

befürchteten wir schon, dass man die Autobahn wieder _____
sperren (Plusquamperfekt)

_____. Doch nachdem wir den Verkehrsfunk _____
hören (Plusquamperfekt)

_____, schien alles gut zu gehen. „Heute _____
kommen (Futur I)

wir bestimmt ohne Stress nach Hause _____", sagte mein Vater.

Und dann _____ wir tatsächlich bei schönstem Wetter die Alpen
fahren (Präteritum)

hinauf. Doch kaum _____ wir den Pass _____,
überschreiten (Plusquamperfekt)

da _____ es tatsächlich an zu regnen. Es goss wie aus Eimern. Meine
fangen (Präteritum)

Mutter sagte: „So also _____ uns Deutschland!" Mit 60 km/h
empfangen (Präsens)

schlichen wir durch das Inntal. Und vor der Grenze gab es einen Stau. „Der Ver-

kehrsfunk _____!", rief meine Schwester. Und mein Vater fügte
lügen (Perfekt)

ironisch hinzu: „Der Verkehrsfunk _____ sich bei denen von den Wetter-
informieren (Perfekt)

nachrichten einfach nicht _____!" Es dauerte fast eine Stun-

de, ehe wir aus dem Stau wieder _____. Jetzt
herauskommen (Präteritum)

_____ ich in meinem Bett und versuche einzuschlafen.
liegen (Präsens)

→ Konjunktiv II

Konjunktiv II
Der **Konjunktiv II** wird vor allem dann verwendet, wenn man Wünsche und Vorstellungen ausdrücken möchte. In der Regel stehen dann die Verben im Konjunktiv II:
Das fände ich gut. – Das hätte ich gern. – Das wäre schön.

Manchmal kann man aber auch die würde-Form verwenden:
Das würde mir gefallen. – Das würde ich ja tun, aber ich kann es nicht.

1 Setze in diesen Text die Verben im Konjunktiv II ein. Manchmal kannst du auch die würde-Form verwenden.

Die Verben im Konjunktiv II in diesem Text sehen so aus:
behielte (würde behalten) – bekäme – brächte (würde bringen) – fände – gäbe ... ab (würde abgeben) – gäbe ... zurück (würde zurückgeben) – hätte – käme – könnte – müsste

Nehmen wir mal an, ich _____ (finden) ein Portmonee mit einigen Hundert-Euro-Scheinen, dann _____ (kommen) ich für einen kurzen Augenblick wahrscheinlich doch in einen Gewissenskonflikt. _____ (behalten) ich dann das Geld _____? Dann _____ (haben) ich in der nächsten Zeit keinerlei Taschengeldsorgen mehr. Ich _____ (abgeben) vielleicht sogar meiner Freundin etwas davon _____. Wie ich mich kenne, _____ (bringen) ich das Portmonee aber doch zum Fundbüro _____. Denn erstens _____ (haben) ich viel zu viel Angst, dass es irgendwie herauskommt. Zweitens _____ (müssen) ich immer daran denken, ob es sich nicht vielleicht um die Ersparnisse eines gar nicht so reichen Menschen handelt. Nein, ich _____ (zurückgeben) das Geld _____. Ich bin ein ehrlicher Mensch. Allerdings _____ (haben) ich die Hoffnung, dass ich als ehrlicher Finder auch einen Finderlohn _____ (bekommen), damit ich mir etwas Schönes kaufen _____ (können).

→ Aktiv – Passiv

Passiv

Ein Satz im Passiv ist die Umkehrung eines Satzes im Aktiv:

Aktiv: Der Zauberer zeigt einen Zaubertrick.

Passiv: Ein Zaubertrick wird vom Zauberer gezeigt.

Das Prädikat **zeigt** wird umgeformt zu **wird gezeigt**.

Das Satzglied **vom Zauberer** kann **entfallen**: Ein Zaubertrick wird ~~vom Zauberer~~ gezeigt.

1 In diesem Text kommen fünf Sätze im Passiv vor. Markiere sie.

Die magische Kiste

Auf der Bühne wird ein Zaubertrick vorgeführt. Der Zauberer trägt die magische Kiste herein. Dann wird sie von ihm geöffnet. Der Zauberer überzeugt das Publikum mit großem Brimborium davon, dass mit der Kiste alles seine Richtigkeit hat. Dann steigen vier Artisten hinein. Nun wird die Kiste geschlossen. Der Zauberer schiebt Dolche aus Holz in die Kiste hinein, bis ihre Spitzen an der anderen Seite wieder herauskommen. Aus der Kiste hört man Schreie. Ein Trommelwirbel setzt ein. Dann werden die Dolche wieder herausgezogen. Der Deckel wird mit großem „Simsalabim" geöffnet. Die Artisten springen heraus und verbeugen sich. Das Publikum klatscht Beifall.

2 In diesem Textabschnitt kommt viermal der **Zauberer** vor. Forme die Sätze ins Passiv um und lass dabei den **Zauberer** weg. Dann wird der Text besser.

Ein Zauberer benötigt für diesen Trick eine große Kiste. **Der Zauberer** malt die Kiste innen schwarz an. Ein schwarzes Inneres wirkt nämlich kleiner, als es in Wirklichkeit ist. Es ist also viel mehr Platz in der Kiste, als es sich das Publikum vorstellen kann. **Der Zauberer** kann also die Dolche zwischen den Artisten hindurchstoßen, ohne dass **der Zauberer** jemanden verletzt.

Für diesen Trick wird eine große Kiste _____ *. Die Kiste wird* *innen* _____

Die Dolche können also _____
_____
_____
ohne dass _____
_____

→ Satzglieder umstellen – einen Text verbessern

1 Die normale Folge der Satzglieder in einem Satz ist:
Subjekt – Prädikat – Adverbiale – Objekte – Prädikat (2. Teil)
In der folgenden Anekdote sind alle Satzglieder so angeordnet.
Wenn aber ein guter Text daraus werden soll, muss man manchmal ein anderes Satzglied an den Anfang stellen. Schreibe den Text auf.
Stelle die unterstrichenen Satzglieder an den Satzanfang.
Denke in zwei Sätzen an die Zeichen der wörtlichen Rede.

Subjekte	Prädikate	Adverbiale	Objekte	Prädikate 2. Teil
a) Goethe	betrat	eines Tages	eine schmale Brücke.	
b) Er	begegnete	dort	einem Kritiker.	
c) Der Mann	hatte	schon häufig	Goethe / einen Narren	genannt.
d) Dieser Mann	stand	plötzlich / vor ihm.		
e) Goethe	konnte	nun / nicht mehr	ihm	ausweichen.
f) Sie	standen	so / voreinander.		
g) Der Kritiker	sagte:			
h) Ich	gehe	nicht / aus dem Wege.	einem Narren	
i) Goethe	trat	da / beiseite.		
j) Er	antwortete:			
k) Ich	…	aber / schon!		

Anekdote

a) Eines Tages

b)

c)

d)

e)

f)

g)

h)

i)

j)

k)

→ Die Objekte

Die Objekte
Akkusativ-Objekt (Frage: wen oder was?): Sie unterstützt ihren kleinen Bruder.
Dativ-Objekt (Frage: wem?): Sie hilft ihm.
Genitiv-Objekt (Frage: wessen?) Der Bruder bedarf ihrer Hilfe.

1 Markiere in den folgenden Sätzen die Objekte. Schreibe auf, um welche Art von Objekt es sich handelt: **Dativ-, Akkusativ-** oder **Genitiv-Objekt**.
Achtung: Manchmal ist es nicht so leicht, ein Objekt vom Subjekt zu unterscheiden!

Sätze mit einem Objekt:

a) Dem Mann kann niemand helfen.   a) _____

b) Einen Käfer frisst der Igel gern.   b) _____

c) Das Team rühmte sich seines Sieges.   c) _____

Sätze mit zwei Objekten:

d) Die Mutter hat ihrer Tochter ein schönes Geschenk gemacht.   d) _____

e) Das große Paket überreichte sie ihr gleich am Morgen.   e) _____

f) Ihren Freunden teilten die Männer die Neuigkeiten mit.   f) _____

2 Schreibe die Sätze b), e) und f) so auf, dass das Subjekt jeweils am Satzanfang steht:

b) _____

e) _____

f) _____

3 Schreibe zwei Sätze mit den Verben **leihen** und **verraten** auf.

_____

_____

→ Die Stellung der Satzglieder

1 In vielen Sprichwörtern stehen die Satzglieder nicht in der Normalfolge **Subjekt, Prädikat, Adverbiale, Objekte**. Verschiebe in den folgenden Sätzen jeweils das Objekt an den Satzanfang, dann wird ein richtiges Sprichwort daraus.

Man kann von der Liebe allein nicht leben.

_____

Nichts ist dem liebenden Menschen zu schwer.

_____

Kein Kraut ist gegen den Tod gewachsen.

_____

Man soll schlafende Hunde nicht wecken.

_____

Die Hunde beißen den Letzten.

_____

2 Auch in einer gefühlsbetonten Antwort steht oft das Objekt am Anfang des Satzes. Forme in den Sätzen die Antworten um, die rechts stehen. Die Objekte, die du an den Satzanfang stellen sollst, sind schon unterstrichen.

Das ist ein genialer Gedanke von dir! / Du kannst dir <u>deine Ironie</u> sparen!

_____

Geheimnisse verrate ich grundsätzlich nicht. / Du könntest es <u>mir</u> aber doch verraten!

_____

Die Praktikumsstelle gefällt mir nicht. / Du findest immer noch <u>eine bessere</u>!

_____

Komm, wir gehen zusammen ins Kino! / Ich lasse mir <u>das</u> nicht zweimal sagen!

_____

Ich habe schon wieder mit Mary Streit! / Du hältst <u>mich</u> bitte da raus!

_____

→ Fehler finden und korrigieren

1 Leon hat seine Bewerbung auf dem Computer geschrieben.
Der Computer zeigt elf Rechtschreibfehler an.
Sie sind mit roten Wellenlinien markiert.
Lies dir die Bewerbung zunächst genau durch.

Ser geehrter Herr Müller,   sehr: Seite ...

hiermit bewerbe ich mich um einen Ausbildung Platz zum Restorantfachmann.
Ich habe bereits ein Praktikum im Airport
Hotel Hannover gemacht, und es hat mir
5 sehr gefallen.
Das Betriebskliema war sehr angenehm.
Ich durfte die verschiedenen Servicbe-
reiche kennen lernen.
Die Arbeit mit den Gästen macht mir
10 Spaß, und ich möchte in diesem Bereich
mehr lernen. Mich interesiert besonders
die Beratung des Gastes bei der Auswal
von Getrenken und Speisen.
Ich bin 16 Jahre alt und habe schon oft
15 im Betriep meiner Eltern als Aushilfe
gekellert.
Ich arbeite gern im Teem und komme
auch damit zurecht, wenn es mal schnell
gehen mus.
20 Auf eine Einladung zum Forstellungsge-
spräch freue ich mich.

Leon Berger

2 Finde nun mit Hilfe des Wörterbuchs die richtige Schreibung heraus.
• Notiere die Seitenzahl, auf der du das Wort gefunden hast.
• Schreibe das Wort dann richtig auf.

 Tipp:
Bei zusammengesetzten Nomen ist es hilfreich, wenn du die
Nomen getrennt voneinander nachschaust. Wenn du z. B. nicht
weißt, ob das Wort **Eisberg** am Ende mit **g** geschrieben wird,
dann kannst du entweder den Plural bilden (Eisberge) oder
du schaust unter dem Stichwort **Berg** im Wörterbuch nach.

3 Am Computer werden nicht immer alle Fehler durch das Rechtschreibprogramm angezeigt. Leons Rechtschreibprogramm hat zwei Fehler nicht rot unterkringelt. Gehe auf Spurensuche. Markiere die Wörter und schreibe sie dann berichtigt an den Rand.

4 Malika hat ebenfalls eine Bewerbung geschrieben. Wenn sie aufgeregt ist, macht sie manchmal Fehler in der Grammatik. Das Rechtschreibprogramm zeigt diese Fehler mit einer grünen Wellenlinie an. Lies dir ihre Bewerbung zunächst genau durch.

Sehr geehrter Herr Gensmann,

hiermit bewerben ich mich um einen   ich bewerbe
Ausbildungsplatz zur Konditorin.
Ich haben bereits ein Praktikum in   ich
der „Kleinen Konditorei" in Hamburg
5 gemacht. Die Mitarbeiter dort habe   sie
mir alles genau erklärt. Ich könne   ich
verschiedene Kuchen und Torten
backen.
Seitdem wisse ich, dass „Konditorin"
10 mein Traumberuf ist.
Ich bin 16 Jahre alt und backen
auch zu Hause sehr gern.
Dort habe ich gelernt, türkische
Spezialitäten zuzubereiten.
15 Ich arbeite gern mit anderen zusammen und möchten lernen, wie
man Pralinen, Hochzeitstorten und
Gebäck herstellen.
Auf eine Einladung zum Vorstel-
20 lungsgespräch freust ich mich.

Malika Simsek

5 Du hast sicher entdeckt, dass bei dieser Art von Fehlern die Verbform nicht immer zum Nomen passt.
Zum Nomen „Malika" gehört zum Beispiel die Verbform „backt".
Zum Pronomen „Ich" gehört die Verbform „backe".
„Malika backen" oder „Ich backen" passen nicht zusammen.
Schreibe die richtigen Verbformen rechts neben den Text.

6 In Malikas Bewerbung auf Seite 109 sind zwei weitere Grammatikfehler versteckt, die das Rechtschreibprogramm nicht angezeigt hat.
Gehe auf Spurensuche und berichtige sie.

7 Auch Yuuma sind in seiner Bewerbung Fehler unterlaufen.
Lies dir seine Bewerbung durch.

> Sehr geehrte Frau Wischnewski,
>
> hiermit bewerbe ich mich um ein Ausbildungsplatz zum Gärtner der Fachrichtung Garten- und Landschaftsbau. Ich möchte Gärtner werden weil ich gern in der freien Natur bin. Es wäre so super, wenn es mit uns klappt.
>
> 5 Ich haben bereits ein Praktikum in „Gärtnerei Pöschel" in Bremen gemacht. Es war genial. Ich habe viel über die verschiedenen Blumen und Sträucher gelernt, die in Parks und Grünanlagen zu finden sind. Für die Flege des Parks am See war ich auch zuständig. Mit meinem Kollegen habe ich
> 10 viele Steine gesetzt damit wir einen langen Bachlauf anlegen konnten. Außerdem arbeite ich gern mit den Filter für unseren Teich. Mein Kollege hat mir den Umgank damit beigebracht aber ich möchte noch viel mehr lernen.
>
> Ich bin 16 Jahre alt und lebt in einem Haus mit einem großen
> 15 Garten. Da hänge ich gern ab und wühle in der Erde.
>
> Auf eine Einladung zu einem Vorstellungsgespräch freue ich mich.
>
> **Yuuma Schmidt**

8 Im Kasten auf der nächsten Seite bekommst du Hinweise, welche Fehler Yuuma gemacht hat.
Unterstreiche die 13 Fehler im Text in der entsprechenden Farbe.

Lösungshinweise zu Aufgabe 8:

1. Umgangssprache:
Einige Fehler entstehen, wenn man beim Schreiben
Ausdrücke aus der Umgangssprache benutzt, wie z. B.
„Das finde ich **supercool**!"

2. Rechtschreibung:
Rechtschreibfehler entstehen, weil man Buchstaben im Wort
vergisst, vertauscht oder hinzufügt.
Wenn man z. B. „Ausbildungs**plaz**" statt „Ausbildungs**platz**" schreibt,
macht man einen Rechtschreibfehler.

3. Grammatik: Nomen und Verb:
Grammatikfehler sind Fehler, bei denen z. B. das Nomen
und das Verb nicht zusammenpassen, wie z. B.
„**Ich arbeiten** gern mit den Händen."

4. Grammatik: Dativ und Akkusativ:
In Sätzen, in denen die Verben bewerben, wünschen oder suchen
vorkommen, steht das Objekt im Akkusativ.
„Ich suche einen Ausbildungsplatz."

5. Kommasetzung:
Nebensätze beginnen oft mit einer Konjunktion, also mit einem
Einleitungswort wie „aber" oder „weil".
Nebensätze werden mit einem Komma vom Hauptsatz abgetrennt.
„Ich bin müde, weil ich viel gearbeitet habe."

6. Artikel:
Manchmal vergisst man einen Artikel zu einem Nomen.
„Ich gehe **auf Party**." statt „Ich gehe **auf die Party**."

 9  Schreibe den Text jetzt berichtigt auf ein separates Blatt.

→ Einen Text mit Hilfe von Lesestrategien erschließen

Es gibt verschiedene Möglichkeiten, einen Text zu lesen und zu verstehen.
Den folgenden Text über **Schokolade**, der auf Seite 113 beginnt,
kannst du dir mit Hilfe von sieben Lesestrategien erschließen.

Lesestrategie 1: Erwartungen formulieren
Betrachte zunächst die Bilder des Textes und lies die Überschrift.
Worüber könnte das deiner Meinung nach ein Text sein?
Notiere dir mindestens fünf Stichwörter.

_____

_____

_____

_____

_____

_____

_____

_____

Lesestrategie 2: Orientierend lesen
Überfliege jetzt den Text mit den Augen.
Lies ihn also im Schnelldurchgang und vergleiche ihn
mit deinen Vermutungen. Kreuze an.

Meine Vermutungen wurden bestätigt:

☐ ja   ☐ nein

Lesestrategie 3: Genauer lesen – Unverstandenes klären
Lies dir den Text jetzt einmal ganz genau durch.
Unterstreiche Wörter, die du nicht kennst.
Kläre diese unbekannten Begriffe mit einem Partner
oder mit Hilfe des Wörterbuches.

Schokolade – eine Süßigkeit in aller Munde

Fast überall auf der Welt wird sie genossen: Schokolade. Es gibt sie in den unterschiedlichsten Formen und Geschmacksrichtungen. Neue Kreationen erfreuen sich immer größerer Beliebtheit.
In jeder Schokolade sind die Zutaten Kakaobutter, Kakaomasse und Zucker enthalten. Aber Schokolade ist nicht einfach Schokolade. Es gibt bedeutende Unterschiede. Teure Kakaobohnen verleihen der Schokolade z. B. einen milden Geschmack. Schokolade, die aus billigen Kakaobohnen hergestellt wird, schmeckt hingegen eher bitter und säuerlich.
Eine Tafel Schokolade von 100 g kann zwischen 400 und 600 Kalorien haben. Sie ist als Süßigkeit trotzdem sehr beliebt.

Je nach Zutaten kann man fünf verschiedene Schokoladensorten unterscheiden:
Weiße Schokolade, Vollmilchschokolade, Zartbitterschokolade, Halbbitterschokolade und Bitterschokolade. Je höher der reine Kakaoanteil ist, desto dunkler ist die Schokolade. Bitterschokolade hat mit 70 % den höchsten Kakaoanteil. Auf ihrer Verpackung muss der Kakaoanteil immer abgedruckt sein. Halbbitterschokolade enthält zu gleichen Teilen Kakao und Zucker. Da in der Halbbitterschokolade keine Milch enthalten ist, ist sie relativ hart und wird eher als Kuchenglasur verwendet. Zartbitterschokolade ist ähnlich wie Halbbitterschokolade beschaffen, enthält aber etwas mehr Kakao als Zucker. Sie wird gern für gefüllte Pralinen benutzt. Vollmilchschokolade enthält zu 25 % Kakao und zusätzlich Milch- und Sahnepulver. Sie ist weich und besteht aus sehr viel Zucker. Dadurch schmeckt sie süßer als die anderen Schokoladensorten. Ganz ohne Kakao wird die weiße Schokolade hergestellt. Sie zählt also nicht im eigentlichen Sinne zu den Schokoladen.

In der Schokolade befinden sich mehr als 300 gesunde Inhaltsstoffe. Darunter sind einige Stoffe, die uns glücklich machen. Im Kakao sind außerdem Antioxidantien[1], sogenannte Polyphenole[2]. Sie tragen dazu bei, dass schädliche Stoffe (freie Radikale) in unserem Körper abtransportiert werden. Die im Kakao enthaltenen Flavonoide[3] sollen den Blutdruck senken und sich positiv auf das Herz-Kreislauf-System auswirken. Sie beugen Herzinfarkten und Schlaganfällen vor. Ein weiterer Stoff (N-Phenylpropenyol-L-aminosäureamid) regt die Wundheilung an und dämmt ein Bakterium ein, das Magengeschwüre verursacht. Theobromin[4] ist anregend und erweitert die Gefäße. Schokolade enthält darüber hinaus lebensnotwendige Fette. Das pflanzliche Fett hat positive Auswirkungen auf den Cholesterinspiegel. Und das Calcium in Milchschokolade ist gut für die Knochen. Schokolade ist also rundum gesund, wenn man sie in Maßen zu sich nimmt.

Die Kakaopflanze wächst in den Anbaugebieten vieler Länder Afrikas, Asiens und Amerikas. Dazu gehören die Elfenbeinküste, Ghana, Indonesien, Nigeria, Kamerun und Brasilien. Der Weltmarktpreis für Kakaobohnen schwankt stark. So kommt es, dass die Arbeiter auf den Plantagen von ihrem Lohn manchmal kaum ihre Familien ernähren können.

Im fairen Handel wird ein Festpreis gezahlt, der den Bauern in den Ursprungsländern ein würdiges Leben ermöglicht. Pro Tonne Rohkakao wird ein Mindestpreis von 2000 US-Dollar plus 200 US-Dollar Fair-Trade-Prämie bezahlt.

Im fairen Handel haben sich Bauern zu Genossenschaften zusammengeschlossen. Dadurch haben sie einige Vorteile, z. B. können sie im Verbund größere Mengen an Kakaobohnen verkaufen oder gemeinsame Anschaffungen tätigen, wie einen Lkw. Darüber hinaus können sie so aber auch die Bildung ihrer Kinder besser organisieren, da sie ihre Interesse nun gemeinsam vertreten.

---

[1] Antioxidantien: chemische Verbindung, die die menschlichen Zellen schützt
[2] Polyphenole: für die Gesundheit bedeutsame Pflanzenstoffe
[3] Flavonoide: in Obst und Gemüse enthaltener Pflanzenstoff
[4] Theobromin: in der Kakaobohne enthaltener Stoff

Die ersten Kakaobohnen brachte Christopher Kolumbus aus Amerika mit. Die Menschen konnten damals jedoch noch nicht viel damit anfangen. Heute weiß man ganz genau, wie man die besten Schokoladen herstellt und hat die passenden Maschinen dazu erfunden. Die Herstellung von Schokolade erfolgt in vier Schritten:

1. Zunächst einmal muss der Kakao angebaut werden. Dazu werden Kakaobäume gepflanzt. Für die Kakaoernte gibt es keine Maschinen. Alle Kakaofrüchte werden von Hand geerntet. Die Früchte werden geöffnet. Die darin enthaltenen Samen nennen wir Kakaobohnen. Sie sind von Fruchtfleisch umhüllt und werden samt Fruchtfleisch von den Erntehelfern aus der Schale gelöst.

2. Bei der Fermentation[5] werden die Bohnen auf Bananenblättern ausgebreitet und mit Blättern abgedeckt. Auf manchen Plantagen werden die Bohnen auch in Holzkisten oder Fässer gelegt. In den nächsten Tagen steigt die Temperatur der Bohnen auf 50 Grad Celsius an. Das Fruchtfleisch verdampft, und die Bohnen fangen an zu keimen. Das ist wichtig, damit die Schokolade später nicht bitter schmeckt. Die weißlichen Bohnen werden jetzt braun, und es bilden sich Aromastoffe. Die Bohnen werden ca. zwei Wochen lang in der Sonne getrocknet. Danach werden sie für den Transport in andere Länder in Säcke verpackt.

---

[5] Fermentation: Gärungsprozess, bei dem sich z. B. das Fruchtfleisch der Kakaofrucht auflöst

3. Nach der Ernte und Fermentierung werden die Bohnen in die unterschiedlichen Abnehmerländer transportiert. In den Unternehmen, die Schokolade herstellen, werden die Bohnen zunächst von Schmutz, Steinen und anderen Dingen gereinigt. Dies geschieht mit Hilfe von Sieben und Luftströmen. Magneten entfernen sogar kleine Metallteile. Nur die sauberen Kakaobohnen bleiben übrig. Anschließend werden sie Infrarot-Licht oder Heißluft ausgesetzt. Dadurch werden Bakterien abgetötet. Die Bohnen werden danach geröstet. Die Rösttemperaturen liegen je nach Bohnenart zwischen 100 und 140 Grad Celsius. Edelkakaos werden bei niedrigeren Temperaturen geröstet.

Die Röstdauer liegt bei 20 Minuten bis zu einer Stunde. Es entstehen über 400 Aromastoffe. Nach der Röstung werden die Bohnen in Spezialmühlen zerbrochen und gemahlen. Die wichtigste Zutat zur Schokoladenherstellung ist jetzt fertig – die flüssige Kakaomasse. Weitere wichtige Grundzutaten werden dazugegeben: Kakaobutter, Zucker und Milch.

4. Beim anschließenden Conchieren wird die Mischung mit Hilfe von Stahlwalzen verfeinert. Das Conchieren wurde 1879 von Rodolphe Lindt erfunden. Die Maschine, die dazu benutzt wird, ein länglicher Trog, nennt man Conche. In der Conche wird die Masse bei 90 Grad Celsius geknetet und verrührt. Dieser Prozess kann stundenlang dauern. Dabei wird die Schokolade „gelüftet", also mit Sauerstoff versetzt. Durch das Rühren wird das Fett außerdem gleichmäßig verteilt und die Bitterstoffe verschwinden. Nach dem Conchieren werden weitere Zutaten und Gewürze hinzugefügt. Danach kühlt die Schokolade ab und wird in Tafelformen gegossen. Der Weg in den Supermarkt und zu uns nach Hause ist nun nicht mehr weit.

_____

5. Der Ursprung der Schokolade liegt in Mittelamerika, dem heutigen Mexiko, Guatemala und Honduras. Bereits 400 nach Christus bauten die dort lebenden Völker, die Mayas und Azteken, Kakao an. Sie kochten Wasser mit Zimt, Vanillestangen und Chilischoten. Dazu kamen dann gemahlene oder zerstoßene Kakaobohnen. Das Getränk hieß „Xocolatl". „Xococ" bedeutete in der Sprache der Azteken „bitter". Als die Spanier 1519 dort ankamen, mochten sie das bittere Getränk zunächst nicht. Die Europäer ersetzten dann das Wasser durch Milch und süßten den Kakao mit Zucker. So wurde Schokolade schon bald sehr beliebt. Da sie lange Zeit aber sehr teuer war, konnten sich nur Reiche Schokolade leisten. Heute ist Schokolade zum Glück fast überall und für fast jeden erhältlich.

 Lesestrategie 4: Zwischenüberschriften formulieren
Finde für jeden Absatz eine Überschrift
und schreibe sie auf die entsprechende Zeile.
So wird der Text für dich verständlicher.

 Lesestrategie 5: Lesen mit dem Stift
Wenn du dir merken möchtest, was im Text steht, ist es hilfreich,
wichtige Informationen zu markieren und in Stichwörtern aufzuschreiben.
• Markiere zunächst wichtige Angaben im Text.
• Formuliere anschließend Stichwörter zu deinen markierten Stellen.

Absatz 1: _____

_____

_____

_____

_____

Absatz 2:

Absatz 3:

Absatz 4:

Absatz 5:

Lesestrategie 6: Offengebliebene Fragen stellen

Oftmals bleiben nach dem Lesen eines Textes noch Fragen zurück, auf die der Text keine Antworten gibt.
Welche Fragen hast du noch? Schreibe sie auf.

_____
_____
_____
_____
_____
_____

Suche dir einen Partner. Tauscht euch über eure Fragen aus.
Recherchiert die Antworten im Internet.

 **Lesestrategie 7: Kernaussagen schriftlich wiedergeben**

Wenn du den Text gut verstanden hast, kannst du das Gelesene richtig wiedergeben.
Fasse den Text jetzt mit eigenen Worten zusammen.
Als Hilfe kannst du die folgenden Satzanfänge verwenden:

In dem Text „..." geht es um ... .

In der Einleitung wird auf ... hingewiesen.

Der erste Absatz handelt von ...

Das Thema des zweiten Absatzes ist die ...

Im dritten Absatz geht es um ...

Im vierten Absatz ist ... Thema.

Zuletzt wird im fünften Absatz noch über ... berichtet.

Darüber hinaus habe ich bei meiner Recherche

herausgefunden ...

Stellt eure Ergebnisse in der Klasse vor.

→ Wörtlich zitieren

Manchmal möchte man für ein Referat oder eine schriftliche Inhaltswiedergabe Sätze oder Wörter genau so wiedergeben, wie sie ein Autor gesagt bzw. geschrieben hat. Dabei darf man **nichts** verändern, wie z. B. weitere Wörter hinzufügen.

1 Lies dir das untere Zitat in Anführungszeichen und die dazugehörige Quelle durch.

„**Es gibt ja Leute, die lieben das Chaos.
Die werden nur im Durcheinander wirklich kreativ.
Die Frau am Freitag ist auch so ein Typ.**"

(Petra Herterich: Chaos ist Ordnung. In: Praxis Sprache 10.

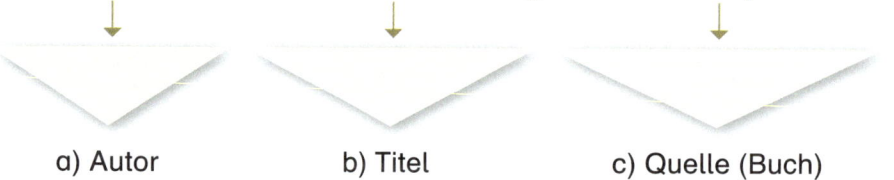

a) Autor   b) Titel   c) Quelle (Buch)

Bildungshaus Schulbuchverlage. Braunschweig 2014. Seite 63)

d) Verlag   e) Ort und Jahr   f) Seite

2 Beim Zitieren muss man bestimmte Regeln beachten. Lies dir die Regeln durch.

---

1. Das **Zitat** muss **in Anführungszeichen** gesetzt werden.

2. Man muss eine **Quellenangabe** machen.
   Die Quellenangabe wird **in Klammern** gesetzt.
   Die Informationen werden durch Punkte voneinander getrennt:
   a) Zuerst nennt man den **Autor**.
   b) Dann nennt man den **Titel**.
   c) Anschließend gibt man die Quelle (z. B. das **Buch**) an, in der der Text steht.
   d) Dann nennt man den **Verlag**, in dem das Buch erschienen ist.
   e) Darauf folgen der **Ort** und das **Erscheinungsjahr** des Buches.
   f) Zum Schluss notiert man noch die **Seitenangabe**.

3 Im folgenden Zitat stimmt etwas nicht. Auch mit der Quellenangabe ist etwas nicht in Ordnung. Lies dir das Zitat mit der Quellenangabe in Ruhe durch. Finde dann die Fehler und schreibe alles richtig auf. Lies dazu noch einmal im Originaltext auf Seite 24–26 nach.

> Geliebtes Chaos. Und doch ist Ordnung drin, schließlich will man ja auch mal was wiederfinden. 2014. Seite 63. Praxis Sprache 10. Chaos ist in Ordnung. Petra Herterich:

4 Im folgenden Text sollen zwei Zitate der gleichen Schriftstellerin mit Quellenangaben eingefügt werden. Die Zitate und Informationen zur Quelle findest du im Anschluss an den Text auf Seite 122 unten.
Achtung: Beim zweiten Zitat musst du nicht alle Quellenangaben wiederholen. Stattdessen kannst du **ebd.** schreiben.
Die Seitenangabe musst du aber immer notieren.

Die Geschichte von Malka Mai

Die Schriftstellerin **Mirjam Pressler** schreibt in der Nachbemerkung ihres Buches „**Malka Mai**", wie sie beim Schreiben auf die Geschichte von Malka gekommen ist. Malka ist ein kleines jüdisches Mädchen, das im Zweiten Weltkrieg nur durch ihren starken Willen den Aufenthalt im Getto überlebt.

Tipp: Achte auf eine vollständige Quellenangabe.

Zitat 1

(Mirjam Pressler:)

Daraus hat Mirjam Pressler dann ihren packenden Roman entworfen, der das Überleben des kleinen jüdischen Mädchens in eindrucksvoller Weise beschreibt.

 Tipp:
Achte auf eine vollständige Quellenangabe.

Zitat 2

_____
_____
_____
_____
_____
(_____
_____)

Mirjam Pressler schöpft also zum größten Teil aus ihrer Fantasie und wird selbst kreativ. Sie erfindet gern Geschichten, und es gelingt ihr, uns die Figuren ihrer Romane in unvergleichlicher Weise nahezubringen.

Die folgenden Zitate stammen aus:
Mirjam Pressler: Malka Mai. Belz & Gelberg. Weinheim und Basel 2004. Seite 323

Zitat 1:

> Vor vier Jahren, 1996, habe ich Malka in Israel getroffen und sie hat mir ihre Geschichte erzählt, beziehungsweise das, was sie noch weiß.

Seite 323

Zitat 2:

> Malka ist also eine reale[1] Person, trotzdem ist die Geschichte, die in diesem Buch erzählt wird, weitestgehend fiktiv[2].

Seite 323

---

[1] real: wirklich, in unserer Welt vorhanden
[2] fiktiv: ausgedacht

→ Vorbereitung auf eine Prüfung

 **Lesen**

1 Lies die folgende Geschichte.

Für heute ist es genug

Maurice wartet wie verabredet vor dem Schulhof auf Johannes. Sie treffen sich jeden Morgen dort. Da geht es nämlich etwas ruhiger zu als auf dem Schulhof. Heute hat Maurice besonders wenig Lust, zur Schule zu gehen. Sein Bauch tut weh, er hat Kopfschmerzen
5 und ihm ist andauernd schlecht. Wenn Johannes nicht bald kommt, werden sie Maurice wieder allein abfangen. Und das heißt Prügel. Er kann einfach nichts dagegen tun. Wenn aber Johannes dabei ist, kommt er meistens um die Sticheleien herum. Aber reden kann Maurice nicht mit den Jungs. Das stachelt sie nur zu immer fiese-
10 ren Gemeinheiten an. Also sagt Maurice gar nichts mehr. Er ist so gut wie stumm und redet nur noch mit seinem besten Freund Johannes. Die Lehrer sprechen ihn immer wieder an: „Du musst dich mehr melden! Du bist viel zu still! Was ist los?" Auch diese Gelegenheit lassen die Jungs natürlich nicht aus. Aus der letzten Reihe
15 kommt dann ein Kommentar wie: „Genau Muttersöhnchen. Melde dich mal!" Dann bricht Gelächter aus und sie fühlen sich toll. Demian und seine Freunde. Sie fühlen sich wie die Könige der Schule und tun so, als gehöre ihnen die Welt. Eigentlich mag sie keiner, aber Maurice hat das größte Problem mit ihnen. Dabei weiß er gar
20 nicht, wie es dazu gekommen ist, dass sie ihn beleidigen, verprügeln und schlecht machen. Maurice ist dieser Gruppe immer aus dem Weg gegangen. Aber eines Tages hatten sie ihn am Kragen. Und das Spießrutenlaufen begann.
Maurice sieht die Mädchen aus der Parallelklasse um die Ecke
25 biegen. Die sind harmlos. Er entspannt sich ein wenig. Im Vorbeigehen drehen sich die Mädchen plötzlich um und tuscheln. Sie lachen und zeigen mit dem Finger auf Maurice. Celia spricht als Erste: „Na Maurice, hast du gestern den Fußboden geküsst?" Die Mädchen gackern los. Maurice ist sprachlos. Damit hat er nicht
30 gerechnet. Woher wissen die Mädchen von gestern? Es passierte doch auf dem Weg nach Hause. Demian hat bestimmt damit angegeben, dieser gemeine Kerl. Leon und Markus gucken zu ihm rüber und tun so, als würden sie sich schlagen. Sie lachen. Sie wissen es also auch!

35 Endlich kommt Johannes. Er sieht heute anders aus. Maurice fragt: „Was ist los mit dir? Du siehst so komisch aus?" Johannes schaut betreten auf den Boden und druckst: „Weißt du es nicht?" „Was weiß ich nicht?", fragt Maurice. „Hast du den Film nicht im Internet gesehen? Sie haben dich gestern gefilmt!", flüstert Johannes.

40 Maurice wird schwarz vor Augen. Gestern auf dem Nachhauseweg hatten Demian und seine Freunde ihn abgepasst. Erst haben sie ihn nur hin und her geschubst, aber dann haben sie richtig zugeschlagen. Er konnte sich gegen die vier Jungen nicht wehren. Er wehrt sich sowieso nicht mehr. Am Schluss lag er am Boden und

45 hat geweint. Und das alles hatten sie nun auch noch gefilmt. Das war's jetzt endgültig. Auch die anderen würden ihn jetzt nur noch auslachen und immerzu sticheln. Er wird keine ruhige Minute mehr haben. Maurice dreht sich um und läuft los. Er sieht sich nicht mehr um. Als er zu Hause ankommt, schließt er sich sofort in seinem

50 Zimmer ein. Er will niemanden sehen. Vor allem will er aber nie wieder zur Schule gehen. Johannes ist ihm nachgelaufen. Er klingelt immer wieder an der Wohnungstür. Aber Maurice macht ihm nicht auf. Er will ihn nicht sehen. Für heute ist es genug.

2 Welche Gedanken und Gefühle gehen dir nach dem ersten Lesen durch den Kopf?

_____
_____
_____
_____

3 Schreibe auf, worum es in diesem Text geht.

_____
_____
_____
_____
_____
_____

4 Überprüfe, ob die Aussagen zum Text passen.
Kreuze an.

	trifft zu	trifft nicht zu
Maurice hat keine Freunde. Er ist ganz allein.	☐	☐
Maurice wehrt sich gegen die Jungen, die ihn verprügeln.	☐	☐
Die Lehrer bemerken, dass Maurice immer stiller wird.	☐	☐
Am Ende hat Maurice eine gute Lösung für sein Problem gefunden und wird aktiv.	☐	☐

5 Um welche Textsorte handelt es sich bei dem Text?
Es handelt sich um …

A: ☐ … einen Unfallbericht.

B: ☐ … einen Zeitungsartikel.

C: ☐ … einen Brief.

D: ☐ … eine Erzählung.

6 Lies dir den folgenden Zeitungsartikel über
das Thema „Cybermobbing" durch.

Cybermobbing – eine unterschätzte Gefahr

Im Rahmen der JIM-Studie wurde 2014 ermittelt, wie Jugendliche in Deutschland Medien nutzen. JIM steht für Jugend, Information und Multimedia. Laut der JIM-Studie haben immer mehr Jugendliche mit den Folgen von Cybermobbing zu kämpfen.

5 So praktisch das Internet sein kann, es hat auch seine Schattenseiten. Dabei spielt das Thema „Mobbing im Internet", das Cybermobbing, eine immer größere Rolle. Jeder sechste Jugendliche gab 2014 an, im Internet schon einmal beleidigt worden zu sein. Besonders die 16- bis 17-jährigen Jugendlichen
10 sind betroffen – Jungen und Mädchen gleichermaßen. Noch im Jahr 2013 war nur jeder achte befragte Jugendliche Opfer von Beleidigungen im Internet. Die Beleidigungen im Netz haben also zugenommen.

Die Folgen solcher Attacken sind sehr unterschiedlich. Viele der
15 Betroffenen ziehen sich zurück, verstummen, werden nervös
oder sind angespannt. Jüngere Schüler suchen oft die Nähe
der Eltern und wollen von ihnen auf einmal wieder zur Schule
gebracht werden. Manche leiden auch unter Schlaf- und/oder
Lernstörungen. Einige werden auch immer häufiger krank oder
20 klagen über Bauchschmerzen. Im schlimmsten Fall neigen die
betroffenen Jugendlichen zu selbstverletzendem Verhalten.
Viele Opfer schämen sich und denken, dass sie selbst Schuld
an den Übergriffen sind. Daher spielen sie das Mobbing herunter und haben immer neue Ausreden für ihr abweisendes und
25 verschlossenes Verhalten.
Dabei gibt es wirksame Hilfen. Im ersten Schritt sollte man
sich an seine Lehrer und Eltern wenden. Auf jeden Fall sollte
man es vermeiden, das Mobbing stillschweigend zu ertragen.

7 Du hast in diesem Text viel über das Cybermobbing erfahren. Manches davon hat dich vielleicht überrascht oder auch nachdenklich gemacht. Notiere deine Gedanken dazu hier stichwortartig.

_____
_____
_____
_____

8 Welche Aussage gibt das Thema des Zeitungsartikels wieder? Kreuze an.

In dem Zeitungsartikel geht es um …
A: ☐ … die Entstehung von Mobbing.
B: ☐ … das Thema Mobbing unter Jugendlichen und die negativen Folgen für die Betroffenen.
C: ☐ … die Beziehung zwischen Eltern und ihren Kindern im Teenageralter.

9 Was erfährst du über die Entwicklung des Cybermobbings von 2013 bis 2014?

_____
_____
_____

10 Welche negativen Folgen hat das Cybermobbing für die Opfer?

_____
_____
_____
_____
_____
_____

11 Der Zeitungsartikel und die Erzählung haben das gleiche Thema.
Schreibe auf, welche Inhalte in beiden Texten vorkommen.

_____
_____
_____
_____

12 Was wird im Zeitungsartikel beschrieben, ist aber nicht Teil der Erzählung?
Kreuze an.

- a) Direktes Mobbing auf dem Schulhof
- b) Hilfen für die Betroffenen
- c) statistische Entwicklung des Cybermobbings
- d) Erfahrungen einer einzelnen Person

13 Was wird in der Geschichte beschrieben, ist aber nicht Inhalt des Zeitungsartikels?
Kreuze an.

- a) Direktes Mobbing auf dem Schulhof
- b) Hilfen für die Betroffenen
- c) statistische Entwicklung des Cybermobbings
- d) Erfahrungen einer einzelnen Person

14 Schau dir das folgende Diagramm zu den Opferzahlen von Cybermobbing an.

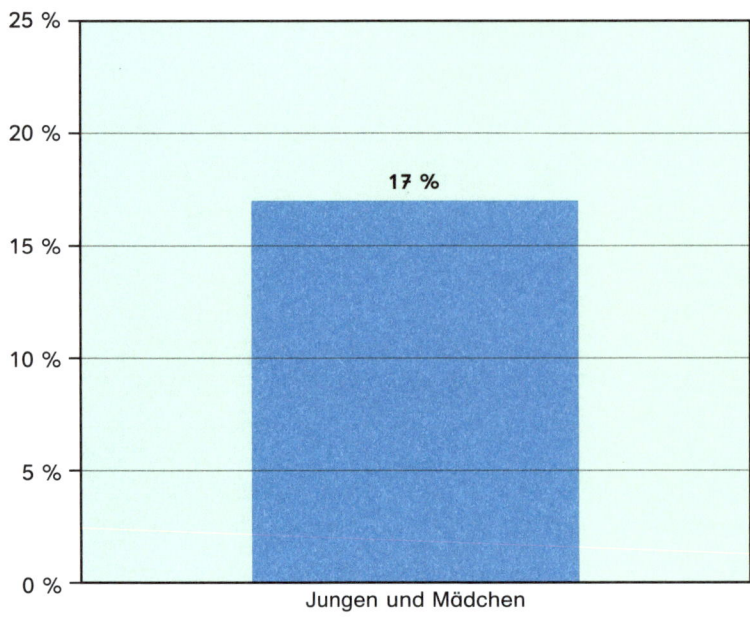

Datenquelle: JIM-Studie, 2014, Seite 40
(Umfrage mit 1200 Jugendlichen im Alter von 12–19 Jahren.) © westermann

- Schreibe das Ergebnis mit eigenen Worten auf.

_____

_____

_____

- Lies die folgenden Sätze. Streiche die falschen Angaben zu dem Diagramm oben durch. Für den ersten Satz ist das schon einmal vorgemacht.

a) **1200 / ~~340~~** Jugendliche wurden befragt.

b) Das Diagramm bezieht sich auf Jugendliche im Alter von **10–18 / 12–19** Jahren.

c) Das Diagramm ist ein **Balkendiagramm / Säulendiagramm**.

d) Bei der Angabe handelt es sich um eine **Prozentangabe / absolute Zahl**.

e) Das Diagramm gibt darüber Auskunft,
**wer schon einmal im Internet gemobbt wurde /
wer schon einmal jemanden im Internet gemobbt hat**.

15 Schau dir auch das folgende Diagramm an.

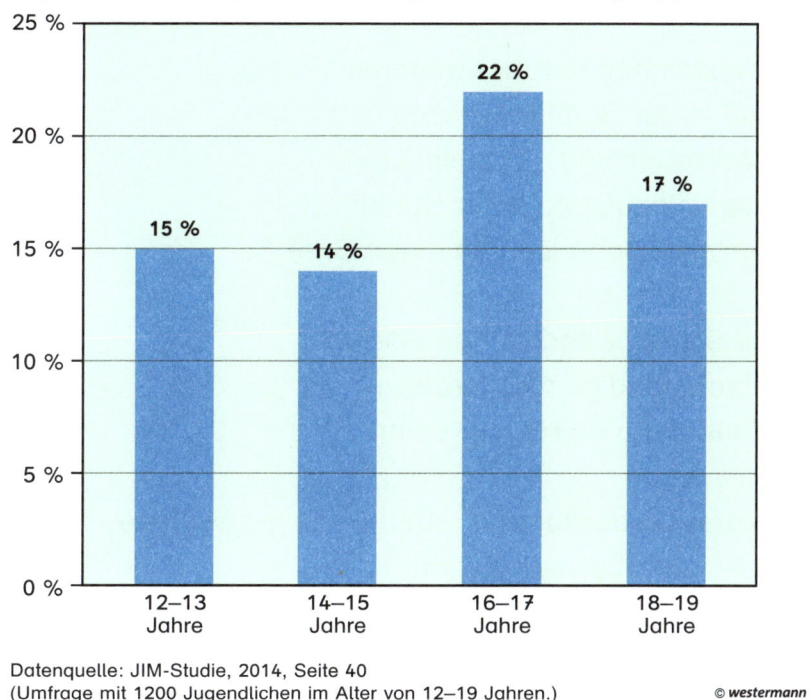

Opferzahlen Cybermobbing nach Altersgruppen

Datenquelle: JIM-Studie, 2014, Seite 40
(Umfrage mit 1200 Jugendlichen im Alter von 12–19 Jahren.)

16 Ergänze die folgenden Aussagen über diese Grafik.

Die Altersgruppe der _____ ist vom Cybermobbing

besonders betroffen. Die Altersgruppe der _____

ist vom Cybermobbing am wenigsten betroffen. _____-jährige Jugendliche

sind mit _____ % dicht an der Altersgruppe der 14–15 Jahre alten Jugendlichen.

_____ % der befragten Jugendlichen im Alter von 18–19 geben an, schon

einmal Opfer von Cybermobbing gewesen zu sein.

17 Vergleiche nun die Diagramme mit dem Zeitungsartikel auf Seite 125–126.
Welche Informationen werden in den Diagrammen **nicht** genannt?

_____

_____

_____

B Schreiben

In deiner Klasse hat es heftige Diskussionen darüber gegeben, was gegen Mobbing im Internet und in der Realität wirklich hilft und wie man sich als Betroffener verhalten soll. Ihr beschließt, einen Experten zu euch in die Klasse einzuladen. Herr Küster arbeitet bei der Mobbingberatungsstelle. Schreibe ihm einen Brief.

- Halte die Form eines Briefes ein. Schreibe rechts oben den Ort und das aktuelle Datum auf. Vervollständige die Anrede.
- Beginne deinen Brief mit einer Einladung an Herrn Küster.
- Begründe deine Einladung.
- In deiner Klasse hat es eine Diskussion darüber gegeben, wie man Maurice helfen könnte. Informiere Herrn Küster über eure Ideen.
- Welche Fragen habt ihr an Herrn Küster, z. B.:
  „Darf man zurückschlagen, oder macht man alles nur noch schlimmer?"
  Notiert eure Fragen, damit Herr Küster sich gut darauf vorbereiten kann.
- Schreibe auf, was du genau von Herrn Küster erwartest.
- Du kannst auch eigene Erfahrungen oder Erfahrungen von Mitschülern schildern.
- Formuliere am Schluss einen Gruß und unterschreibe den Brief, wenn du fertig bist.

_____, den _____

Sehr geehrter Herr _____,

_____

_____

_____

_____

_____

_____

Quellen

Texte

Seite 18–19: Gotthold Ephraim Lessing: Nathan der Weise. Universal-Bibliothek Nr. 3. Philipp Reclam jun. GmbH & Co.. Stuttgart 1960

Seite 24–26: Petra Herterich: Chaos ist Ordnung. Aus: Ostfriesen-Zeitung vom 22.3.2013. http://www.oz-online.de/-news/artikel/109842/Chaos-ist-Ordnung am 6.4.2013

Seite 40–43: Erwin Moser: Der Kugelschreiber, die Füllfeder und das Taschenmesser. Aus: Glücksvogel. Geschichten, Gedichte und Bilder. Herausgegeben von Hans-Joachim Gelberg. © 2013 Beltz & Gelberg in der Verlagsgruppe Beltz. Weinheim und Basel. Seite 41–43

Seite 53–54: Heinrich Heine: Loreley. Aus: Heinrich Heine. Sämtliche Schriften. Hrsg. von Klaus Briegleb. Bd. 1. Deutscher Taschenbuch Verlag. München 1997

Seite 56: Parodie auf Heinrich Heine: Loreley. Originalbeitrag von Wolfgang Menzel

Seite 58: Matthias Claudius: Abendlied. Aus: Werke. Hrsg. von U. Roedl. Cotta, 6. Auflage Stuttgart 1965. In: Conrady. Das große Gedichtbuch. Von 1500 bis zur Gegenwart. Neu hrsg. und akt. v. Karl Otto Conrady. Artemis und Winkler. München, Zürich, Düsseldorf. Seite 114

Seite 59: Dieter Hildebrandt: Der Mond ist aufgegangen. Aus: Ders.: Was bleibt übrig? Kindler. München 1986

Seite 60: Michael Kumpe: Kleine Erde. Aus: Hans-Joachim Gelberg: Überall und neben dir. Gedichte für Kinder und Erwachsene. © Verlag Beltz & Gelberg, Weinheim und Basel 1989. Programm Beltz & Gelberg. Weinheim. Seite 32

Seite 60: Johann Wolfgang von Goethe: Ein gleiches. Aus: Werke, Band 1: Gedichte und Epen. Hrsg. v. E. Trunz (Hamburger Ausgabe). Beck. 11. Auflage München 1978. In: Conrady. Das große Gedichtbuch. Von 1500 bis zur Gegenwart. ebd., Seite 147

Seite 60: Rainer Malkowski: Schöne seltene Weide. Aus: Ders.: Was für ein Morgen. Suhrkamp, Frankfurt am Main 1975. In: Conrady. Das große Gedichtbuch. Von 1500 bis zur Gegenwart. ebd., Seite 880

Seite 60: Paul Maar: Sägen sägen. Aus: Hans-Joachim Gelberg: Überall und neben dir. Gedichte für Kinder und Erwachsene. © Verlag Beltz & Gelberg. Weinheim und Basel 1989. Programm Beltz & Gelberg. Weinheim. Seite 30

Seite 64–67: Max Frisch: Andorra. Text und Kommentar. Suhrkamp Basis Bibliothek 8. 17. Auflage 2012. © Suhrkamp, Frankfurt am Main 1961(Text)/1999 Kommentar

Seite 71: Annemarie Zornack: auf dem fahrrad. Aus: Dies.: Eingeholte Jahreszeit. Gesammelte Gedichte und Prosa. Neuer Malik Verlag. Kiel 1991. Seite 65. © Annemarie Zornack

Seite 73: André Jodeit: Mein wildester Traum. Aus: Hungrig nach starken Gefühlen. Ein Lesebuch von Schülerinnen und Schülern der Hauptschule für den Rest der Welt. Westermann Schulbuchverlag. Braunschweig 1994

Seite 75: Bertolt Brecht: Herr Keuner und die Flut. Aus: Ders.: Geschichten vom Herrn Keuner. 1. Vollständige Ausgabe aller 121 Geschichten. Suhrkamp Verlag. Frankfurt/Main 2006

Seite 78–82: Rainer Wedler: Der Freund. Aus: Glücksvogel. Geschichten, Gedichte und Bilder. Herausgegeben von Hans-Joachim Gelberg. © 2013 Beltz & Gelberg in der Verlagsgruppe Beltz. Weinheim und Basel. Seite 81–84

Seite 120–121: Zitate aus: Petra Herterich: Chaos ist Ordnung. In: Ostfriesen-Zeitung vom 22.3.2013. http://www.oz-online.de/-news/artikel/109842/Chaos-ist-Ordnung am 6.4.2013

Seite 121–122: Mirjam Pressler: Malka Mai. © 2001, 2004 Beltz & Gelberg in der Verlagsgruppe Beltz. Weinheim und Basel. Seite 323

Seite 123–124: Für heute ist es genug. Originalbeitrag von Dörte Glismann

Bilder

Umschlagfotos: plainpicture, Hamburg (Häuser); gettyimages, München (Jugendliche, Fahrrad)

Seite 28: toonpool.com, Castrop-Rauxel (Hannes)

Seite 37: INTERFOTO, München

Seite 46: www.pixabay.com, Neu-Ulm

Seite 113: fotolia.com, New York

Seite 114: fotolia.com, New York

Seite 115: fotolia.com, New York

Seite 116: alamy images, Abingdon/Oxfordshire

Seite 117: INTERFOTO, München

Seite 122: Mirjam Pressler: Malka Mai. Einband: Henriette Sauvant. © 2001, 2004 Beltz & Gelberg in der Verlagsgruppe Beltz. Weinheim und Basel